KB019464

이런 집에 살아야 잘 풀린다

이런 집에 살아야 잘 풀린다

1판 1쇄 발행일 | 2005년 6월 16일
1판 2쇄 발행일 | 2007년 3월 16일

발행처 | 삼한출판사
발행인 | 김충호
감 수 | 강현술·박홍식

신고 연월일 | 1975년 10월 18일
신고 번호 | 제305-1975-000001호

411-800 경기도 고양시 일산 서구 구산동 142-4번
대표전화 (031) 921-0441
팩시밀리 (031) 925-2647

값 16,000원
ISBN 89-7460-100-1   03180

신비한 동양철학 · 64

이런 집에 살아야 잘 풀린다

강현술 · 박흥식 감수

삼한

  최근 어려운 경제사정 때문에 주택경기도 한껏 얼어붙었다. 얼마 전까지만 해도 땅이다, 아파트다, 오피스텔이다 하여 부동산 투자에 열을 올렸는데, 얼어붙은 경기한파는 하루 아침에 이런 바람을 완전히 잠재워 버렸다. 대신 부도바람이 거세게 불어닥쳐 우리의 몸과 마음을 극도로 긴장시킨다. 이런 상황에서 망연자실하고 있다가는 언제 소용돌이에 휩쓸리게 될지 모른다. 살아남기 위해서는 오직 절약밖에 없다는 생각에 허리띠 졸라매기만 확산된다.

  그러나 아무리 어려워도 서민들의 내집마련의 꿈은 버릴 수 없다. 물론 투자가 아니라 쾌적한 삶을 향유할 수 있는 안식의 공간으로 말이다. 예로부터 집은 구들장 하나, 대들보 하나까지 안전과 행복을 염원하는 마음을 담아왔다. 경제위기인 지금에야 집의 본래 개념이 되살아나는 듯한 느낌이다.

  선조들이 안전과 행복을 염원하여 가상(家相)학적으로 좋은 집을 지으려고 정성을 기울였던 것처럼, 힘든 상황에서 내 가족이 지혜롭게 대처하고 건강을 지켜주는, 한마디로 운이 트이는 집을 갖고 싶은 것은 모두의 꿈일 것이다. 50평이니 60평이니 하며 평수에 구애 받지 않고 가족이 평온하게 생활할 수 있는 집, 발전을 가져다 줄 수 있는 그런 집이 있다면 얼마나 좋을까? 그런 소망에 한걸음이라도 가까워지려면 막연하게 운만 기대해서는 안 된다. '호랑이를 잡으려면 호랑이 굴로 들어가라'는 속담이 있듯이 좋은 집을 가지려면 그만한 노력이 있어야 한다.

건축에 대한 지식이 있어야 하고, 가상(家相)에 대한 상식도 있어야 한다. 지금 당장은 이룰 수 없더라도 앞으로 얼마든지 기회는 있을 것이다. 이 책은 이런 꿈을 갖고 실천하려는 사람들을 위해 썼다. 지금 당장 집을 짓거나 사려는 사람들은 물론, 장기적인 계획을 세운 사람들이 두고두고 참고할 수 있도록 기획했다. 부디 좋은 집을 찾는 사람들에게 길잡이가 된다면 바랄나위가 없겠다.

10장 | 부동산 전략은 이렇게

1장. 가상이 좋아야 운이 트인다

좋은 얼굴을 가진 사람이 복을 누리듯,

좋은 집에는 늘 행운이 들어온다.

내 집은 어디가 흉하고 어디가 길한가.

이것이 좋은 집을 알아보는 요령이다.

01
좋은 집은 가상이 말해준다

집은 비바람과 추위와 더위를 지켜주는 것으로, 그 땅의 자연이나 기후풍토와는 뗄 수 없는 관계다. 시대에 따라 그리고 건축자재의 발달에 따라 변모와 발달을 거듭해 왔지만, 구조와 형태와 재료는 그 집이 위치한 자연조건 속에서는 항상 최적으로 고안하여 지은 것이다. 이렇게 안전하고 살기좋은 집은 어느 시대에나 인류의 꿈이었다. 이와 같이 안전하고 살기좋은 집을 염원하는 마음은 이윽고 가상(家相)이라는 것으로 정리되어 태어났으며, 좋은집을 찾는 사람들에게 도움이 되는 상식적인 내용까지도 함께 전파되었다.

이 가상(家相)은 음양오행설(陰陽五行說)이나 민간신앙이 한 데 뒤섞여 있지만 내용적으로 쉽게 이해가 가는 데다, 오늘날의 현대주택에 있어서도 그대로 적용되는 것이 많다. 가상(家相)은 집터의 방위·환경·모양이나 집의 형태와 구조 등 모든 것이 좋아야만 가족과 후손의 운명도 좋다고 알려졌다. 그러나 이것을 단순히 미신으로 일축해 버리고 무시하는 사람도 있다.

그러나 건축기술이 부족하고 자재도 오늘날처럼 풍부하지 못했던 시대에 행운을 가져다 주는 좋은집을 추구했던 옛사람들의 지혜가 총망라된 것이 가상(家相)이다. 그 내용을 깊이 들여다 보면 현대의 건축법이나 설계공법과 맥을 같이 한다는 것에 놀라게 된다. 물론 그중에는 미신적이며 논리적이지 못한 것도 있다. 그렇다고 해서 미신이라고 단정짓기에는 건축학적 근거가 매우 뚜렷한 내용이 많다는 점도 간과해서는 안 된다.

가상(家相)의 기원은 고대중국으로 거슬러 올라간다. 중국문화는 황하강 유역을 중심으로 발달해 꽃피운 것을 보면, 황하강 유역에 살기 알맞은 지혜들이 모여 발전하고 보완되어 지금의 가상(家相)학으로 태어난 것이라고도 할 수 있다. 아무튼 지금은 누구든 원하기만 하면 마음에 드는 집을 지을 수 있는 세상이다.

그러나 가상(家相)의 역사가 이토록 뿌리깊은 것으로, 어느 누구도 부정하지 않고 받아들여 온 것이라면, 역시 무턱대고 무시하기엔 아무래도 껄끄러움이 남는다. 언제인지는 모르지만 중국에서 한국으로 건너와 한국의 기후풍토 속에서 살아 숨쉬고 있는 가상(家相)에 대해 공부하는 것은, 적어도 운이 트이는 좋은집을 갖고 싶다는 생각을 가진 사람들에게 헛되지 않은 일이라고 생각한다.

02

가상이 좋은 아파트 고르는 법

　누구나 가상(家相)이 좋은 집에서 살고 싶을 것이다. 그러나 아파트도 가상(家相)이 있을까 생각할 것이다. 모두가 성냥갑처럼 반듯반듯하게 한 치도 다름없이 지어졌으니 '상'이 없을 것 같이 여겨질 것이다. 게다가 옛날에는 베란다는 남쪽에, 현관은 북쪽에 있는 것이 보통이었는데, 요즘은 대지의 여건상 베란다가 동쪽이나 서쪽을 향한 경우도 있다.

　그러나 건물이 향한 방향이나 건물 전체에서의 위치, 건물 높이와 층수는 가상(家相)을 살필 때 매우 중요하다. 물론 가상(家相)을 중요하게 여기던 시절에는 고층건물이 없던 시대이므로 이 점까지 자세하게 언급하는 것은 아니지만, 어떤 상황이든 절대로 금하면 안 되는 부분이 있다.

건물 전체의 방향은 동남쪽이나 남쪽을 향하고 있어 양의 기운을 발산하는 아침해의 영향을 듬뿍 받는 것이 좋다. 그런데 서향이거나 북향 건물이면 볕을 받을 수가 없다. 또 집의 위치도 건물을 중심으로 동쪽이나 남쪽, 동남쪽에 있어야 좋다. 현관이 이쪽으로 나 있어야 좋은 것처럼, 태양이 가진 기는 아파트 건물 전체에서도 바로 이 방향으로 작용한다.

고층아파트는 몇 층이 좋은가도 문제가 되는데, 이것은 대지에 발을 붙이고 사는 인간인 이상 가능하면 대지에서 많이 떨어지지 않은 곳이 좋다. 그러나 저층은 땅과 가깝기는 하지만 집안으로 태양 에너지를 충분히 받아들이기 어려운 점을 고려해 5~6층 정도가 무난하다고 할 수 있다. 보통 아파트의 로열층을 4~8층 정도로 보는데, 가상(家相)을 보는 견지에서도 맥이 통하는 얘기다.

하지만 추첨으로 들어가는 아파트는 마음대로 고를 수 없는 아쉬움이 있다. 만일 원하지도 않은 고층에 살게 되었으면 보완하는 방법을 생각해보자. 이럴 때는 집 안에 흙을 들인다. 볕이 잘 드는 발코니에 온실을 꾸미거나, 여러 개의 화분에 흙을 채워놓고 채소를 길러먹는 것도 좋은 방법이다.

03
음양오행의 기본 상식

　가상(家相)은 관상(觀相)이나 수상(手相)과 함께 고대중국에서 태어났다. 상학(相學)은 글자 그대로 사물에 나타난 모양으로 길흉과 운명을 점치는 방법이다. 그러나 그 바탕에는 동양사상의 핵심인 음양오행(陰陽五行)설이 흐른다.

　음양설이란 우주 전체가 음(陰)과 양(陽)으로 이루어져 있다는 사고로 양은 양지를 나타내며 긍정적 의미이고, 음은 음지로 부정적인 요소를 가리킨다. 이 상반되는 두 성질이 순환과 변화에 따라 세상만사가 일어난다고 믿는 것이다.

　이 음양은 다시 태양(太陽)과 소양(小陽), 태음(太陰)과 소음(小陰)으로 나뉜다. 그리고 이 사상이 더 갈라져 건(乾)·태(兌)·이(離)·진(震)·손(巽)·감(坎)·간(艮)·곤(坤)이라는 팔괘(八卦)가 된다. 이 팔

괘에는 각기 해당하는 계절·동물·시각·방위가 다르다. 가령 건(乾)은 하늘의 모양을 나타내고, 의미는 강건이며, 몸에서는 머리 부분에 해당한다.

한편 오행설은 자연이 목(木)·화(火)·토(土)·금(金)·수(水) 5가지 요소로 이루어졌다는 설이다. 이 5가지 요소로 자연이 만들어지고, 이들의 균형과 변화에 따라 자연의 조화와 변화가 생기며, 인간의 운명도 바뀐다고 믿는 것이다. 이러한 조합을 통해 길흉을 점치고, 상호작용의 좋고 나쁨을 판단한다. 비록 과학적인 근거를 꼬집어 말할 수는 없지만 지구상에서 놀랄만큼 큰 영향력을 갖는다는 점은 부인할 수 없다.

04

따뜻한 집이 좋은 집이다

'햇볕이 잘 드는 집은 의사가 필요없다'는 말이 있다. 이 말처럼 쾌적한 집의 첫째 조건은 양지바른 곳이다. 양지바른 집을 태양의 직사광선이 그대로 들어오는 집으로 착각하는 사람이 많으나 잘못된 생각이다. 직사광선이 들어오는 집에서 오래 살면 병자가 많이 생기고, 급사하거나 사업도 부진해져 파산하기 쉽다. 양지바른 집이란 집 주변의 땅에 햇볕이 많이 들어 적당히 건조하고, 살균된 양기의 공기가 집 안으로 들어오는 따뜻한 집을 말한다. 이 따뜻함은 밝은 것을 의미하기도 한다.

풍수지리(風水地理)의 풍(風)은 적절한 공기의 소통을 도모하며 맞바람을 막아야 한다는 의미를 포함한다. 기온이 따뜻하려면 남향이나 동남향 집이 이상적이다. 만약 전원주택을 지을 때는 우선 북쪽이나 북서쪽으로 등을 댈 수 있는 언덕이나 산이 있어야 한다. 남향 집이라도 뒤에 막아주는 산이 없으면 겨울에는 매서운 북서풍과 여름에는 무더운 동남풍에 시달려, 겨울에는 춥고 여름에는 더운 신세를 면하기 어렵다. 이러한 조건을 만들고 싶지 않다면 집터는 북쪽이 높고 남쪽이 낮은 곳이 좋으며, 그 반대는 좋지 않다는 것을 명심하자.

05
수맥 위의 집은 질병을 부른다

산등성이 아래의 골짜기나 선상지는 집을 짓기에 부적합한 곳이다. 선상지는 산을 등지고 앞이 시원하게 트여 집을 짓기에 좋은 환경인 것 같지만, 홍수 때문에 만들어진 곳인 만큼 홍수가 나면 언제 급류에 휩쓸려 갈지 모른다. 따라서 선상지였던 곳의 택지조성은 법으로도 엄격하게 규제한다. 그러므로 집을 지으려고 땅을 살 때는 반드시 등기부를 열람해 보아야 한다. 중개인의 말만 믿을 것이 아니라 이상유무를 신중히 살펴 위험이 숨어 있지는 않은지 확인해야 한다.

또 가상(家相)에서는 초목이 자라지 않는 곳은 수맥이 흐르는 것으로 간주한다. 이런 곳에 집을 지으면 질병이 생긴다고 하여 꺼린다. 또 터가 경사지면 집이 안정성이 없고, 이런 곳에 사는 사람도 침착성을 잃어 불안해진다. 이런 집은 매매할 때도 불리하니 피하는 것이 상책이다.

또 막다른 골목에 지은 집도 피해야 한다. 이런 집은 항상 세찬 바람에 시달려 수명이 길지 못하다. 길을 가로막고 지은 셈인데, 물을 막고 있는 결과와도 같아 좋지 않다. 이런 곳은 가상(家相) 뿐만 아니라 제한조건도 더 까다롭다. 따라서 이런 점을 충분히 고려해 말썽의 소지가 없는 좋은 집을 골라야 한다.

06
유난히 높은 집은 흉하다

주위의 집들보다 유난히 높거나 두드러진 집은 흉하다는 말이 있다. 예로부터 집의 크기는 신분에 따라 달랐고, 비슷한 사람끼리 모여 사는 경우가 많았다. 그래서 이런 것을 배려하지 않고 유난히 높으면 조화를 무시한 흉한 집으로 손가락질을 받았다. 또한 이런 집일수록 바람이나 천둥, 지진의 피해를 많이 받아 흉하다.

요즘은 자재도 풍부하고 기술도 발달해 유난히 높아도 재해 걱정은 별로 하지 않는다. 하지만 그 일대에서 유난히 두드러진 집은 누군가에게 표적이 되기도 쉽고, 구설수에도 자주 오르내리니 좋을 것이 없다. 현행 건축법에서는 건물 높이를 규제한다. 거주지역이 풍치지구인가, 방화지구인가, 교육지구인가에 따라 건물의 제한 높이가 달라진다. 특히 도로폭에 따라 더욱 엄격하게 제한한다.

07

좁고 긴 집은 흉하다

집이 옆으로만 길면 병자가 생긴다고 한다. 그러고 보면 아파트야말로 바로 이런 구조다. 좁은 대지에 많은 세대를 지으려니 동서쪽으로 짧고 남북으로 길다. 이런 구조는 햇볕이 드는 곳이 적어 낮에도 어둡고, 음의 기운이 감돌기 쉽다. 또 이와 같은 아파트는 출입구가 북동이나 북서쪽에 나기 쉽다. 그런데다 거실은 남쪽에 두어야 하므로 동선이 짧아야 하는 점은 무시되기 쉽다. 이런 점은 자연히 주부를 피곤하게 만들어 나중에는 병으로까지 진전된다.

이런 집보다는 안쪽으로 폭이 넓은 집을 예부터 유복하며 번영한다고 여겼다. 이런 집은 방을 배치할 때도 동선을 크게 줄일 수 있고, 밖에서 안이 잘 들여다 보이지 않기 때문에 사생활도 보호할 수 있다. 그러나 어쩔 수 없이 폭은 좁고 길이는 긴 대지이면 최대한 집 안이 들여다 보이지 않도록 해야 한다.

08
집 안에 있는 키큰 나무는 흉하다

정원을 가꾸는 사람들 중에서 생각 없이 나무를 옮겨 오거나 심는 경향이 있다. 그러나 이는 가상(家相)에서 크게 꺼리는 일의 하나다. 특히 옛사람들은 북동이나 남서쪽에 나무가 있는 것을 흉하게 여기며 피해 왔다. 이 방향에 키큰 나무가 있으면 채광이나 통풍에 방해가 되는 데다, 낙엽이 지면 집을 손상시키는 면도 있기 때문이다. 또 주위에 높은 것이 없던 시대에는 나무에 벼락이 떨어지는 경우도 잦았고, 나무에 꼬이는 벌레 때문에 가족의 건강을 해칠 우려가 있었던 것이다.

오늘날의 정원에서도 크게 자라는 나무는 별로 달갑지 않은 존재다. 예를 들어 처음엔 대수롭지 않게 생각하고 이것저것 구색을 갖춰 정원을 꾸며놓았다고 치자. 정원의 넓이는 정해져 있는데 나무는 해마다 쑥쑥 자라 몇 년 뒤에는 비좁아진다. 결국 정원수였던 나무는 집의 균형을 무너트리고, 사방으로 뻗은 뿌리 때문에 집의 안전을 해치게 된다. 정원을 꾸밀 때는 나무가 전부 성장했을 때의 높이까지 계산해 보고, 집의 크기나 정원의 넓이에 부담이 가지 않을 정도로 해야 한다.

한편 정원수를 많이 심는 사람 중에는 깊은 산중에서 삼림욕을 즐기는 기분을 생각하며 무조건 빽빽히 심는 경우도 있다. 무성한 정원수는 기(氣)를 빼앗아 건강을 해치지만 그러나 나무가 너무 없어도 땅의 기가 소멸한다. 그러므로 정원수는 적당한 간격으로 적당히 심는 것이 좋다.

정원을 가진 사람들이 또 하나 꿈꾸는 것은 운치 있는 연못이다. 그렇지만 마당이 웬만큼 넓지 않고는 연못은 파지 않는 것이 좋다. 고인 물은 썩기 마련이므로 건강을 해친다. 이런 집은 신경계 질환을 앓는 경우가 많다는 것을 알아야 한다.

09
가장은 집의 중심이다

집의 중앙은 가상(家相)에서 매우 중요하게 여기는 곳이다. 집에서 가장 중요한 가장이 차지해야 하는 것은 당연한 주장일지도 모른다. 이는 서양인의 사고와는 많이 다른 점으로, 서양인들은 집안의 중심, 즉 가장 좋은 자리에 거실을 만들어 개방하는 것을 자랑으로 여긴다. 이 거실은 가족이 모여 시간을 함께 할 수 있는 장소로, 안정되고 편안하여 가족이 마음을 터놓고 단란한 시간을 즐길 수 있다.

근래에는 우리나라에도 이와 같은 서양인들의 사고를 받아들여 새로 짓는 집마다 넓은 거실을 만드는 것은 좋으나, 워낙 좁은 공간에서 거실만을 중시하다보니 가장의 방이 아예 사라진 경우도 적지 않다. 그래서 일터에서 돌아온 가장이 차분히 쉴 곳이 없고, 점차 가족에게 소외된 기분마저 느낀다는 것은 어제 오늘의 이야기가 아니다.

만일 가장이 집에서 편하게 쉴 수 없으면 밖에서 지내는 시간이 많아질 것이고, 이런 가정에는 불화가 그치지 않을 것이다. 따라서 가장의 방이 집의 중심이 되어야 한다는 옛사람들의 생각은 옳다고 본다. 비록 오늘날의 주택 사정상 집의 중심은 아니라도, 가장의 역할을 중요하게 생각한다면 마음 편히 쉴 수 있는 장소를 우선 고려해야 행복한 가정, 복이 들어오는 집을 만들 수 있다.

10
마루는 높아야 좋다

최근에는 목조 주택이 인체에도 좋을 뿐 아니라, 철골 주택 못지 않게 수명이 길다는 점이 부각되면서 붐을 이룬다. 특히 초원 위에 얕으막한 산을 배경으로 전원주택용으로 많이 짓는 목조 주택은 보기에도 아름답다.

그러나 목조 주택을 지을 때 반드시 유의해야 할 점이 있다. 바닥 공사가 철저해야 하고, 마루를 높이 띄워 그 밑으로 통풍이 잘 되게 해야 한다. 만일 마루 밑의 통풍이 원활하지 않으면 땅의 습한 기운 이 나무에 배어들어 항상 축축하기 때문에 곰팡이가 생기고 쉽게 썩 는다. 흰개미가 한 번 침투하면 집의 수명은 그대로 끝난다. 또한 집 이 전체적으로 습한 상태이니 가족도 잔병치레를 많이 하게 되고, 고질적이거나 치명적인 병으로 발전할 수도 있다.

따라서 마루를 바닥에서 높이 올려 땅의 습한 기운을 받지 않아야 한다는 이 가상(家相)은 과학적으로도 맞는다. 오늘날의 건축법에 있어서도 목조 건물인 경우 바닥의 높이는 지표면에서 45㎝ 이상이어야 한다고 규정할 정도다. 단 정원으로 바로 나갈 수 있도록 마루 높이를 낮추고 싶으면 마루 밑의 땅을 성토하고 모래를 깔거나 콘크리트를 친다. 이렇게 방습의 조치를 충분히 하면 앞의 건축법의 제한을 받지 않아도 된다. 이와 같이 습기를 막기 위해서 마루는 가능하면 높게 만들고, 바닥의 방습도 충분히 고려해야 한다.

11
집터는 토질이 좋아야 한다

집터가 사면이 높고 가운데가 낮으면 부자도 점점 가난해진다고 한다. 사면이 높다는 것은 집터가 좁은 국면에 위치한다는 뜻이고, 좁은 곡면은 활동터전이 좁다는 의미다.

집의 동쪽에서 흐르는 물이 강과 바다로 들어가면 좋으나, 동쪽에 큰 길이 있으면 가난하고, 북쪽에 큰 길이 없고 남쪽에 길이 있어야 부귀를 누린다. 집터가 네모반듯하면 좋으나 삼각형이나 변형사각형 또는 마름모형 등, 각이 많으면 좋지 않다. 그러나 네모반듯하며 햇볕도 잘 들어 보기에는 아늑해도 토질이 나쁘면 좋지 않다. 땅은 지나치게 메마르거나 물빠짐이 나쁘거나 돌이 많으면 좋지 않다.

건물을 지을 때 단단하지 않은 지반에 짓거나, 기초공사가 튼튼하지 않으면 약한 진동에도 금이 가거나 벽이 뒤틀려 편안한 집이 될 수 없다. 이는 지반이 건물의 무게나 풍압, 토압 등을 충분히 이겨내지 못하기 때문이다. 건물 층이 올라갈 때마다 기초공사는 더 보강해야 하고, 단단한 지반을 토대로 하지 않으면 안 된다. 집을 짓기에 이상적인 땅은 찰흙과 모래가 적당히 섞인 것이 좋다. 만약 모래흙이거나 찰흙이거나 어느 한쪽으로 치우친 땅이면 객토(客土)부터 해야 한다.

또 나무들이 무성했던 자리라면 밑에 있는 뿌리까지 완전히 캐내야 한다. 땅 속에 남아 있는 나무뿌리는 액운을 가져오기 때문이다. 자칫 미신으로 받아들이기가 쉬우나 이런 말이 유래한 데도 이유는 있다. 그대로 둔 나무뿌리는 언젠가는 썩기 마련이다. 그러면 집 아래에 그만한 공간이 생긴다. 바꿔 말하면 토대가 불완전하다는 뜻이다. 나무뿌리가 흰개미 등 무서운 해충의 서식처가 되어 빠른 속도로 집을 훼손시킨다.

또한 매립지였던 곳이나 축대를 쌓아올려 만든 집터도 좋지 않다. 좋은 흙으로만 다져도 안심할 수 없는데 깨진 벽돌이나 기와, 나무뿌리나 자갈, 연탄재나 쓰레기 같은 것 위에 흙을 입혀 놓은 곳은 매우 위험하다. 언제 어느 때 무너질지 모르는 일이다. 집터를 닦을 때는 그곳이 어떤 땅이었는지, 어떤 과정으로 변해 왔는지를 충분히 조사한 다음에 적절한 조치를 취하도록 하자.

12
재목을 거꾸로 쓰면 흉하다

　집을 지을 때 재목은 반드시 위아래를 바로 세워 써야 하는 것도 가상(家相)이 좋은 집을 짓는 필수조건이다. 나무는 살아있던 대로 세워 써야 하는 것이 나무의 정기를 살리는 일이고, 이와 같은 순리를 깨는 것은 화를 부른다. 이것은 과학적으로도 뿌리 쪽이 가지보다 단단하고 질기므로 힘을 많이 받는 건물 밑부분에 사용하는 것이 당연하다.

　나무는 중심부의 색이 주변보다 진해야 좋다. 이 색깔이 진한 중심부는 심재(心材)라 하여 잘 썩지도 않고 견고하다. 한편 색이 연한 부분은 변재(變材)라 하여 물기도 많고 약하며 뒤틀리거나 썩기 쉽다. 나무는 보통 뿌리 쪽에 심재가 많고, 가지 쪽에 변재가 많기 때문에 뿌리에 가까운 밑둥 쪽을 아래로 사용하는 것이다.

집을 짓는 데는 보통 양목(陽木)으로 알려진 침엽수, 즉 전나무와 소나무·삼나무 등이 적격이고, 쉽게 자라는 밤나무·향나무·물푸레나무 등의 잡목은 음목(陰木)이라 하여 꺼린다. 이 활엽수인 음목은 건조했을 때 뒤틀리는 등 변화가 많기 때문에 기둥이나 대들보 등으로 사용하기에는 무리가 있다는 점을 기억해 두어야 한다.

최근에 목조 주택이 유행한다고 어떤 나무라도 건축재로 이용할 수 있다고 착각하는 사람들이 있는데, 나무는 모두 성질이 다르기 때문에 정확한 지식없이 함부로 사용하면 좋은 집을 지을 수 없다.

13
대문 위치가 길흉을 결정한다

침실·대문·부엌의 방향에 따라 동사택(東四宅)과 서사택(西四宅)으로 구분하고, 침실도 대문 방위에 따라 길흉이 달라진다. 집 중심에서 봐서 안방이 북서쪽, 대문이 북서쪽이면 양기가 성해 초년에는 부귀하나 나중에는 아내를 잃고 후손이 끊긴다. 같은 안방에 대문만 남서쪽이면 남녀가 장수하고, 부부는 화목하게 해로하며, 아들 딸이 효도하고, 자손이 부귀영화를 누린다. 북향집에 동쪽 대문은 가장 좋은 생기택(生氣宅)이고, 남향집에 동남향 대문은 길상이다.

대문은 통풍의 의미가 있으니 반드시 동쪽으로 내는 것이 좋다. 동사택과 서사택에서 가장 꺼리는 것은 동사택에 서사택 방위인 대문과 서사택에 동사택 방위로 부엌을 잡는 것인데 매우 흉하다.

역시 북향집에 대문이 동사택인 것이 가장 좋다. 그러나 이 경우 부엌이 남서쪽이나 서·북서·동북 등 서사택 방위에 있으면 대문 방위와 상극이 되어 나쁘다. 북향집에 서향인 대문도 아주 나쁜 것으로 본다. 가상(家相)의 추구는 궁극적으로 건강 장수로, 환경만이 아니라 생활까지 자연에 순응하게 해야만 운이 따르는 좋은 집이다.

14
큰 대문과 높은 담은 흉하다

대문은 그 집을 대변한다고 할만큼 중요하다. 그런데 집은 작고 허술한데 대문만 크고 화려하다면 균형있는 집이라고 할 수 없다. 겉은 요란하나 속은 볼품없는 사람과 같다. 이는 업자들이 허술한 집을 외관만 화려하게 꾸며 구매자를 현혹할 때 쓰는 수법이다.

옛날에는 대문이나 담은 주인의 신분과 지위를 나타냈다. 이 때 그 대문과 담장은 집의 크기와도 균형을 잘 이루는 것으로, 만약 집보다 대문과 담장이 훌륭하면 가난해질 징조라 해서 몹시 꺼려왔던 것이다. 오늘날에는 대문과 담장이 지나치게 훌륭하면 도둑의 표적이 되기 쉽기 때문에 더욱 삼가해야 한다. 또 이웃집들과 동떨어지게 담장을 높이 둘러친 집은 주위와 융화 따위는 생각하지 않는 것을 선언한 것이나 마찬가지 인상을 준다는 것을 알아야 한다.

15
무조건 방이 많다고 좋은 집이 아니다

가상(家相)에서는 방이 3~4개인 집을 흉하게 여긴다. 집은 잠자는 공간, 식사 공간, 일상생활 공간으로 나뉜다. 즉 침실과 화장실, 부엌과 거실 등이다. 이것은 기본적인 공간이고, 가족수에 따라 노인방과 어린이방, 응접실, 서재 등이 필요하다. 그런데 광고를 보면 평수야 어떻든 방의 숫자만 강조하는 경향이 있다. 이에 현혹되어 방 세 개짜리 집을 샀다느니 네 개짜리 빌라를 샀다느니 하면서 좋아하는 사람들이 있다.

그러나 무조건 방만 많다고 좋은 집은 아니다. 집은 방의 숫자가 아니라 기능이 중요하다는 것을 잊지 않도록. 물론 형편이 넉넉해 넓은 공간에서 살 수 있다면 좋겠지만, 요즘의 주택사정으로는 쉽지 않다. 방이 적어도 가족이 함께 공간을 잘 활용하려면 효율적으로 생활할 수 있는 구조를 생각해보자.

2장. 방위의 놀라운 힘

방위의 에너지는
태양의 운행과 밀접한 관계가 있다.
따라서 태양의 영향 하에 있는
모든 생물이 살아가는 데는
방위의 에너지는 매우 중요하다.

16
생기와 활력을 주는 동쪽

동쪽은 해가 뜨는 방위로 태양의 에너지를 가장 강하게 받는다. 동쪽으로 집을 짓고 햇볕을 충분히 받으며 사는 사람들은 언제나 생기가 넘칠 것이다. 이처럼 태양은 살아 있는 이 세상 생물에게 활력을 주는 것으로, 생명력 내지는 활동적이고 적극적인 에너지가 충만하다. 뭔가 새로운 일을 진행하는 추진력도 있고, 창조적인 능력을 키우기에도 안성맞춤이다.

동쪽에는 거실 · 침실 · 어린이방 · 부엌 등 어떤 것이 있어도 무방하다. 그러나 무엇보다 생동하는 힘을 몸 가득히 받아들이려면 뭐니 뭐니해도 침실을 두는 것이 적격이다. 아니면 어린이방을 동쪽에 만들어도 좋다. 성별에 관계없이 활기에 찬 명랑한 아이로 만들 수 있을 것이다.

동쪽에 침실을 두면 그 가정의 남자는 젊은 시절에 출세한다. 무엇보다 동쪽은 초년운이 강하게 작용하는 방위이기 때문이다. 그러나 중년부터는 침실을 다른 방위로 정하는 것이 좋다. 안정적이고 편안한 잠자리를 만들기 위해서다.

특히 내면세계를 좌우하는 침실과 외면세계에 영향을 주는 부엌이 좋은 방위에 있으면 가장은 승승장구하고, 주부는 건강할 것이다.

17

화려하지만 고독한 서쪽

서쪽은 태양이 지는 방위로, 태양이 진다는 것은 곧 수면과 휴식을 뜻한다. 그렇기 때문에 해가 지면 모든 생명체는 일손을 놓고 보금자리로 돌아갈 채비를 서두르는 것이고, 이와 같은 본능이나 다름없는 오랜 습성은 태양의 방위가 가진 힘의 영향이다.

서쪽은 고독과 화려함이 함께 하는 방위다. 따라서 서쪽 방을 사용하는 사람은 다소 묘한 성격이 있다. 특히 아이들의 성격과 심리에 많은 영향을 주므로 아이들 방은 다른 방향으로 잡는 것이 좋다.

만일 서쪽에 부엌을 둔다면 주부가 집안 일보다는 바깥 일에 관심이 많고, 내면보다는 외모에 관심을 갖게 된다. 따라서 가족과 단란하게 시간을 보내기 보다 화려하게 치장하고 외출하는 것을 좋아하는 사람이 된다.

그러나 서쪽은 휴식과 수면하기에 좋은 방위이기 때문에 그날의 피로를 모두 씻고 다음날을 힘차게 뛰기 위한 에너지 충전이 가능하다. 특히 사업가에게는 유리하나 다소 바람끼가 있는 것이 문제다. 이성적으로나 직업적으로 다른 곳에 한눈을 파는 이 바람끼는 지나친 숙면 탓일지도 모른다. 만약 서쪽 침실에서 서쪽으로 머리를 두고 잔다면 침대의 방향을 바꾸거나 침대를 북쪽으로 옮겨놓는 것으로 보완할 수 있다.

18
예술성을 높여주는 남쪽

남쪽은 타오를 듯한 격렬함과 화려한 에너지를 갖고 있고, 만물을 개방시키는 강한 기운을 갖고 있다. 이런 기운은 사람의 성격에도 영향을 미쳐 타고난 예술성은 키워주지만, 격한 기질 때문에 다툼이 잦거나 때로는 가슴 아픈 이별을 맛보게 된다. 이 기운을 누르기 위해서는 실내에 음의 기운을 채워 음양의 균형을 유지해 주는 것이 좋다. 즉 실내를 차가운 색의 벽지로 바꾸거나 창문의 방향을 북쪽으로 내는 것도 하나의 방법이다.

남쪽은 언제나 햇볕이 잘 드는 곳으로 보통은 거실로 사용하는 일이 많다. 아파트만 보더라도 거실은 남향인 경우가 가장 많다. 이 방향으로 어린이방을 두는 것은 그리 좋지 않다. 남쪽 에너지가 빠른 성장을 가져와 나이보다 어른스런 아이로 만드는 것은 괜찮지만, 성격이 변덕스럽고 제멋대로일 수 있기 때문이다. 부득이한 경우에는 책상이라도 북쪽을 향하게 해서 창문을 등지고 앉는 것이 좋다.

　불면증을 호소하는 사람들 가운데는 남쪽으로 침실을 둔 경우가 많다. 태양의 에너지가 충만한 쪽인지라 숙면을 취하기에는 아무래도 방해가 된다. 이 남쪽은 창조적인 직업에 종사하는 사람이라면 예술적 영감을 키워 더없이 좋지만, 제대로 수면을 취하지 못해 극도로 신경이 피곤해진다면 건강에 해로울 수밖에 없다. 방을 바꾸어 사용하거나 침대의 위치를 북쪽에 가깝게 두는 등 여러 가지 연구가 필요하다.

19
두뇌회전을 빠르게 하는 북쪽

북쪽은 길흉이 함께 하는 방위라고 할 수 있다. 두뇌회전이 좋아지고 의욕적으로 만들어 주는 것은 좋은 면이고, 이 방향으로 문제가 있는 가상(家相)일 때는 재난과 문제가 연속해서 일어나게 된다. 북쪽은 두뇌회전이 좋아지고 정신 집중에 좋은 방향이니만큼 공부방을 두는 것이 가장 좋다. 산만한 성격까지 차분하게 가라앉히는 것은 북쪽이 가진 물의 기운이 영향을 미치기 때문이다.

또 해가 들지 않는 어두운 음의 기운을 갖고 있는 북쪽은 침실을 두어도 좋다. 밝은 느낌도 없고, 부각하거나 화려하게 성공하는 모습을 보여주지는 않지만, 눈에 띄지 않는 작은 행복이 있다.

북쪽에 방을 둔 사람은 사회적인 출세보다는 가정의 행복을 추구하는 사람으로, 성격도 내성적이며 침착하고, 인내심이 강하다. 이와 같은 장점을 살려서 끈기와 인내를 요하는 직업을 택하면 좋은 성과를 얻을 것이다. 또한 자신에게 부족한 적극성과 대인성을 기른다면 분명히 빛을 볼 날이 올 것이다.

20
변화가 심한 북동쪽

북쪽과 동쪽의 가운데 해당하는 북동쪽은 원래 귀문(鬼門)으로 알려진 방위로, 재앙과 관계 있는 것으로 생각하는 사람이 많았다. 그러나 북동쪽이 나쁘기만 한 것은 아니다. 재물운이나 금전운과 깊은 관계가 있기 때문에 예로부터 이 방위에 더러운 것이 함께 해서는 안되는 것으로 여겨져 왔다.

또 북동쪽은 혁명과 개혁의 에너지도 작용하기 때문에 침실을 두면 변화가 많다. 평범한 것을 싫어하며 모험을 즐기고 싶은 사람은 이 방향에 침실을 두어 시험해 보기 바란다. 이사를 가거나 직장을 옮기는 등 정착과는 거리가 먼 일이 많이 생길 것이다. 그러나 변화 무쌍한 생활이 고단하고 피로하게만 만드는 것은 아니다. 때로는 운세가 크게 바뀌어 뜻밖의 행운을 잡기도 한다. 그러나 이런 모험도

젊었을 때의 이야기다. 현재의 직장에 만족하고, 정년퇴직할 때까지 직장을 옮길 마음이 없으면 이 방향에 침실을 두는 것을 피한다.

또 북동쪽은 혈기왕성한 남성의 기운과 관계되는 곳으로, 여성의 방이 이쪽으로 있거나 주부가 주로 사용하는 부엌이 있으면 남성적인 기질로 변하게 된다. 그러나 캐리어 우먼으로 남자 못지 않게 활약하고 싶은 여성은 북동쪽 방을 가져볼 만도 하다. 남성을 능가하는 능력을 과시할 수 있을 것이다.

한편 금전운과 재물운을 나타내는 방위이기도 하니, 지금은 빛이 보이지 않아도 실망하지 않고 기다리면 서서히 운이 트여 주머니가 두둑해질 것이다.

21
결혼운을 좌우하는 동남쪽

동남쪽은 연애운과 결혼운을 나타낸다. 만약 혼기가 되었는데도 배우자를 찾지 못해 고민하는 사람이라면 이 방향의 방을 사용해 보도록. 이 동남쪽으로는 어떤 방이 있어도 상관없지만, 신선한 태양의 에너지가 강하게 발산하는 방향이기 때문에 발전이 기대되는 사람에게는 더없이 좋다.

동남쪽은 여성에게 특히 주부에게 좋은 방향으로 부엌을 만들면 가족을 위한 최선의 건강식이 만들어져 행복한 가정을 만들 수 있다. 금전운도 강하기 때문에 차근차근 계획적으로 살면 살림이 늘어날 것이다.

한편 사업가가 이 동남쪽으로 침실을 두면 날로 번창할 것이다. 어쩌면 너무 순조로워 인생이 싱겁게 여겨질 지도 모른다. 이런 사람은 서쪽이나 북서쪽에 서재를 두면 남자다운 품위가 자연히 배어들 것이다.

다시 말하지만 동남쪽은 애정운이나 결혼운과 관계가 깊은 방위로, 순조롭지 못한 이성문제로 고민하는 사람은 이 방향으로 방을 구하거나, 침대만이라도 동남쪽으로 붙여두어 태양의 기운을 적극 받아들라. 아마도 빠른 시일 안에 혼담이 성사될 것이다.

22
부동산운을 좌우하는 남서쪽

남서쪽은 대지의 에너지를 받는 방위로, 부동산운을 좌우한다. 태양이 기우는 위치에 있는 방위로, 안정된 가정을 위해서 매우 중요하다. 남서쪽의 방을 사용하는 사람은 대지의 에너지를 충분히 받아 끈기 있게 일하는 노력형의 인간이 되고, 여성도 불평없이 성실하게 헌신적으로 일하는 사람이 된다.

그러나 이 남서쪽에 부엌을 두는 것은 좋은 않다. 항상 깨끗하게 청소하고 정리해 흉을 억제하지 않으면 부상이 잦거나 건강을 해칠 수도 있다.

또 남서쪽은 차분하면서 보수적인 기운도 함께 하는 방위다. 다소 융통성이 부족하기 때문에 답답해 보이는 면이 있고, 돈은 모으지만 즐기며 살 줄은 모른다.

만약 남서쪽으로 어린이방을 둔다면 활력적이고 쾌활한 아이가 되도록 책상을 동쪽으로 놓는 것이 좋다. 이렇게 하면 태양의 에너지를 받아 침착하면서도 약동하는 힘이 있는 사람으로 성장할 것이다.

남서쪽에 부부 침실을 두면 안정감이 있어 좋다. 그러나 젊은 부부에게는 너무 가라앉은 분위기가 될 수도 있으니, 다소 화려하게 꾸며 양의 기운을 강하게 만들어 보완하도록 한다.

23
가장의 방으로 좋은 북서쪽

북서쪽은 남성의 운과 건강을 지배하는 방위로, 가장의 방을 꾸미기에 가장 적합하다. 이 쪽으로 가장의 방을 두면 안정된 가정생활을 즐길 수 있다. 가족은 가장을 중심으로 하나가 되고, 정신적·신체적으로 건강한 가족이 될 수 있다.

이 방위는 남성적인 파워를 강화시키기 때문에 부엌을 이곳에 두면 주부가 남성화되는 경향이 있다. 가족을 자신의 주도권 하에 두려는 기질이 강해지고, 리더 역할을 하려 한다.

또한 북서쪽은 부부침실로는 최상의 방위다. 부부사이가 좋은 것은 물론 남성이 사회적으로 성공하게 하는 방위이기 때문이다. 좀처럼 출세하지 못해 불만이라면 북서쪽으로 방을 옮겨 보도록. 더구나 북서쪽은 만년으로 갈수록 호운을 가져다 준다.

사회적으로 성공하기 위해서는 건강이 받쳐주지 않으면 안되는데, 북서쪽은 건강을 지배하는 방위니만큼 허약한 사람도 건강하게 만들어준다. 그러나 순탄하게 출세를 거듭하다 보면 고집불통이 되기 쉬운 단점이 있다. 너무 자기 주장만 내세우는 일이 없도록 한 걸음 물러나 다른 사람의 이야기를 잘 들어주는 여유를 가지도록.

24
주부를 행복하게 만드는 부엌

부엌은 물과 불을 사용하는 곳으로, 물인 음 기운과 불인 양 기운이 동시에 작용한다. 따라서 부엌의 주인인 주부가 물과 불을 적당히 다스리면 행복한 가정을 예상할 수 있다. 그러나 주부가 들어가기 싫어하는 부엌은 작업도 활발하게 이루어지지 않을 것이다.

그러면 부엌은 어느 쪽에 있어야 좋을까? 옛날에는 대개 북쪽에 있었다. 찬 방향이라 음식이 상하는 것을 조금이라도 막으려고 했던 것 같다. 부엌이 북쪽에 있으면 금전감각은 야무지지 않지만 성실 근면성을 살려 알뜰하게 살림한다. 만일 생기가 부족한 여성이라면 침실을 동쪽에 두면 활달해지고 건강도 좋아진다.

부엌은 건강운을 좌우하니 양의 기운인 건강에너지를 충분히 받아 나이보다 젊고 왕성하게 살아갈 수 있다. 부엌을 동쪽에 둔 사람은 경제감각과 계획성이 있지만 기분파적인 면도 있어 돈을 규모있게 쓰기 위한 각별한 노력이 필요하다.

남쪽에 부엌을 둔 집은 그리 많지 않다. 우선 부엌이 지녀야 할 편안하고 단란한 분위기를 생각하면 어울리지 않는다고 할까. 가상(家相)에서도 남서쪽 부엌은 아주 흉하다. 햇볕이 잘 드는 이 방향은 음식도 상하기 쉽고, 남풍이나 남동 계절풍이 불어오는 여름에는 아궁이의 불이 다른 곳으로 옮겨 붙어 화재가 나기도 쉽기 때문이다.

지금이야 부엌이 실내에 있기 때문에 바람 걱정은 하지 않아도 되지만, 어쨌든 남쪽은 태양을 가장 강하게 받는 방위로, 자칫 화려함을 동경하며 사치해지기 쉽기 때문에 피하는 것이 좋다. 그러나 남쪽은 예술성을 높이는 방향이기 때문에 창조적인 일을 하는 주부는 부엌을 두어도 나쁘지 않다.

서쪽 부엌은 우선 가족적인 분위기가 없다. 지금은 자유로운 인생을 즐기려는 주부가 많고, 가족도 개인의 자유를 존중하기 때문에 화기애애한 분위기는 없어도 선을 넘지 않는 범위에서 행복한 생활을 유지할 수 있다.

그러나 부엌은 동남쪽에 두는 것이 가장 좋다. 동남쪽은 여성에게 가장 좋은 방향이고, 부엌은 주부가 가장 많이 사용하는 곳이기 때문이다. 금전운과 건강운이 따르며, 인덕도 있고 행운이 계속 이어진다. 또 동남쪽에서 만든 음식에는 그런 에너지가 듬뿍 담기기 때문에 가족에게 좋은 영향이 미쳐 행복한 가정을 만들 수 있다.

25
북동·남서쪽 욕실은 흉하다

몇십 년 전만 해도 일반 주택에 욕실을 갖춘 경우는 많지 않았다. 화장실과 마찬가지로 물을 사용하는 욕실은 집 밖에 있기 마련이었다. 그러나 최근에는 청결관념이 높아진데다 편리함을 첫째 조건으로 들기 때문에 새로 지을 때는 필수 조건이 되었다.

그런데 이와 같이 욕실을 집 안에 만들 경우, 물을 집 안으로 부르는 것을 흉으로 여기는 만큼 습기가 차지 않게 세심하게 신경써야한다. 욕조를 사용한 후에는 물을 빨리 비우고 물기를 말려야 한다.

북동쪽이나 남서쪽에 욕실을 두는 것을 흉하다고 하는 가장 큰 이유는 풍향 때문이다. 여름에는 남서풍이 불고 겨울에는 북동풍이 불기 때문에 불을 간수하기가 힘들다. 게다가 햇볕이 잘 드는 데다 통풍도 잘 되는 남서쪽은 다른 방으로 쓸 수 있기 때문이다. 이것은 옛날 주택에만 해당하는 일은 아니다. 현대에도 북동이나 남서쪽의 욕실은 그리 현명한 배치 방법은 아니다.

욕실의 위치는 다른 방과의 관계와 동선을 짧게 하는 선에서 정해야 한다. 특히 급수와 배수 문제가 쉽도록 부엌과 세탁장소와 가까이 배치해야 한다. 또 각자의 침실과 가까이 있어야 불편하지 않다. 부득이 북동쪽 두어야 할 경우에는 햇볕이 들지 않아 습기가 차기 쉬우니 특별히 관리에 신경써야 한다.

한편 집 중심에 화장실을 두는 것은 부정한 일이라 하여 가상(家相)에서는 금기로 여긴다. 화장실을 집 가운데 두면 아무래도 좋지 않은 냄새가 집 안에 퍼지는데다, 사용하는 사람도 편하지 않은 느낌을 가질 것이다. 따라서 화장실은 거실이나 부엌을 거치지 않고 갈 수 있고, 침실 가까운 곳에 두는 것이 좋다.

26
너무 밝은 침실은 궁해진다

침실은 모든 기가 집중해 있는 곳으로, 가상(家相)에서는 어떤 방위에 만들어도 나쁘지 않게 여긴다. 단, 각 방위에는 서로 다른 기가 통하고 있어 방을 사용하는 사람이 가장 필요로 하거나 보충하고자 하는 기를 생각해서 정하면 그 사람의 앞날에는 언제나 행운이 함께할 것이다.

그런데 최근에는 실내를 밝게 꾸미고 싶은 생각에 어떤 방향이든 창을 크게 내는 경향이 있다. 햇살이 방마다 가득 들어오는 것은 좋으나, 이렇게 양의 기운만 강하고 음의 기운이 없으면 집안에 돈이 쌓이지 않는다. 돈은 자고로 어두운 곳을 좋아하고, 어두운 곳이 아니면 모이지 않기 때문에 비록 돈이 들어 와도 쓸 일이 더 많이 생긴다. 가족이 낭비는 심한데 돈이 들어오지 않는다고 생각된다면 채광에 문제가 있는지 생각해 보도록. 커튼을 차가운 색 계열로 하거나 두꺼운 천으로 만들어 빛을 가려주는 것도 좋다.

한편 가상(家相)에서는 침실 가까이에 부엌이 있으면 어린아이에게 동티가 나서 나쁘다고 한다. 침실은 하루의 피로를 씻고 편안하게 숙면을 취해야 하는 곳으로 매우 중요하다. 따라서 가능하면 되도록 이면 길에서도 멀고 집에서도 가장 조용한 곳에 있어야 하는데, 가족이 가장 빈번하게 드나드는 데다, 불과 물을 취급하기 때문에 위험성도 있다.

그러므로 부엌 가까이에 침실을 두는 것은 좋지 않다. 그리고 침실 가까이 욕실과 화장실을 배치해 편하게 사용하도록 한다. 최근의 주택에서는 침실에 욕실이나 화장실이 들어가게 설계하는 것이 특징이다. 이는 우리 사회도 과거와는 달리 개인 공간의 기능을 그만큼 중요하게 생각한다는 증거다.

27

집 가운데 있는 계단은 흉하다

집 안의 계단은 위아래를 연결하는 중요한 역할을 한다. 그러나 아무 생각없이 함부로 잡으면 집안의 기를 흐트려 불운을 일으키는 원인이 될 수도 있고, 냉난방 효과를 반감시킬 수도 있다. 특히 가상(家相)에서는 집의 중심을 피해 내는 것이 좋다. 집의 중앙은 가장이 위치해야 한다는 기본에 위배되지 않기 위해서도 당연한 일인지도 모른다.

게다가 집 중앙에 계단을 만들면 가운데 있는 기(氣)만이 아니라 집을 둘로 갈라놓는 결과가 되어 가족의 화합이 깨지게 된다는 것을 의미하기도 한다. 이와 같은 염려는 오늘날에도 많이 달라지지 않았다. 현대적인 집을 지을 때도 집 한가운데서 계단이 시작되면 실내가 둘로 나뉘어 전체의 기능적인 연결도 끊어진다 하여 피한다. 또 집 가운데 계단이 있으면 여러 개의 방을 그 계단을 중심으로 설계해야 하는데, 계단 근처의 방은 계단을 오르내리는 소리 때문에 조용한 시간을 방해받는 일도 많다.

최근에서 현관에서 바로 2층으로 올라갈 수 있도록 한쪽 옆으로 붙여 설계하는 것이 보통이다. 그러나 위층의 구조에 따라 조금씩 달라질 수 있다. 만약 위층의 방을 주로 침실로 사용한다면 현관이나 부엌·거실에서 올라가도록 만들 수도 있다. 또 손님이 사용하는 방이 위층에 있으면 현관에서 직접 올라가도록 배치하는 것도 좋다.

아무튼 계단을 만들 때는 미관적인 것만 중시할 것이 아니라 안전성을 고려해서 너무 가파르지 않게 하고, 폭도 여유있게 하거나 난간을 설치하는 등 가족의 불편을 최대한 줄일 수 있도록 연구해야 한다.

28
노인에게 좋은 남동쪽

　노인들은 햇살이 잘 드는 양지바른 곳을 좋아한다. 따라서 노인방을 남쪽이나 남동쪽에 꾸며드리는 것이 좋다. 따스한 햇볕은 건강에도 좋을 뿐 아니라, 새벽잠이 없는 노인들에게 더없이 좋은 방위다. 그러나 햇살과 통풍도 중요하지만 다른 방에서 멀지 않은 곳에 있어야 한다.

　어떤 집에서는 가족과 동떨어진 곳에 노인방을 두는 경우가 있는데, 이런 고립은 노인들에게 정신적으로도 해로워 치매현상을 일으키는 원인이 된다는 발표가 있을 정도다.

　노인방은 햇살이 잘 들면서 뜰이 내다보이는 전망 좋은 곳에 배치하고, 항상 실내와 바깥 기온의 차이가 심하지 않도록 냉난방에 주의를 기울여야 한다.

3장. 막힌 운, 이렇게 하면 트인다

부자는 부자로, 거지는 거지로

살아야 할 운명을 가졌다면

주어진 운명을 위해

우리는 어떤 노력을 해야 할까?

아니, 운명이란 변하는 것.

포기하지만 않는다면 어떤 개척도 가능한 것.

그리고 행운은 언제나 이만큼 와 있는 것이다.

29

음양이 조화를 이루어야 행복하다

집을 택하는 데 있어서도 가상(家相)이나 음양의 기를 중요시하는 것처럼 인테리어에서도 음양의 힘을 무시할 수 없다. 음은 마이너스, 양은 플러스의 힘을 가리키는데, 이 음양이 균형을 이루어야만 운이 따른다. 이렇게 인테리어의 길흉은 매우 중요한 것으로, 우리는 아무렇지도 않게 가구를 새로 사들이거나 있던 것을 없애지만, 이 하나하나의 배치가 달라질 때마다 방의 행운도도 변한다는 것을 명심하자.

사람도 음의 기운이 강한 이와 양의 기운이 강한 이가 있다. 음의 기운이 강한 사람이 양의 기운이 강한 방에서 살면 음양의 기운이 적절한 조화를 이루어 별 문제가 없지만, 음의 기운이 강한 사람이 음의 기운이 강한 방에서 살면 기분도 저조하고 의욕도 나지 않고 나이보다 늙어보이는 사람이 되기 쉽다.

한편 음양이 극단적으로 강하게 배치된 방에서 사는 사람은 인간관계가 순탄하지 못한 경향이 있다. 정신적인 기복이 크고 감정의 조절이 순조롭지 않아 자칫 마음의 병까지 앓을 우려가 있다.

그런데 가구나 색깔은 어떤 것이 음이고 어떤 것이 양일까? 먼저 양은 남성적인 것으로, 밝고 따뜻하며 강하고 직선적인 것이다. 즉 색깔로는 따뜻한 색 계열, 그리고 눈부신 빛을 발하는 것, 힘이 느껴질만큼 날카롭거나 단단한 것이다. 반면에 음은 여성적이며 부드러운 선, 차갑고 어두운 인상을 주는 것이다. 빛을 발하는 조명이라도 어둡거나 간접조명일 때는 음이다.

30
복은 현관으로 들어온다

가상(家相)을 볼 줄 아는 사람은 그 집의 현관만 보고도 행운과 불운을 알아본다. 행운은 아무렇게나 굴러 들어오는 것이 아니라, 사람과 마찬가지로 길과 현관을 지나 집으로 들어오기 때문이다. 이처럼 현관의 방위와 구조는 그 집의 행운에 큰 영향을 미친다.

그러면 과연 어떤 현관이 행운을 가져오고, 어떤 현관이 불운을 가져오는 것일까? 우선 현관의 구조인데, 다소 앞으로 나간 모양이 행운을 가져온다. 안으로 쑥 들어간 모양은 행운을 밀어내는 형상이다. 밖으로 나와 있어도 그것이 동남쪽으로 나온 가상(家相)이면 음양의 균형이 잘 맞아 항상 행복한 웃음소리가 끊이지 않고, 일광과 통풍면에서도 좋다.

현관은 집의 넓이에 비해 너무 크면 썰렁한 느낌을 주어 좋지 않고, 너무 좁아도 가장의 출세를 막는다 하여 흉하게 여긴다.

방향은 아침해가 드는 동쪽이 가장 좋고, 동남쪽이나 남쪽도 좋다. 그러나 모든 집이 이런 방향에 현관을 낼 수는 없을 것이다. 대지가 면하고 있는 도로도 생각해야 하고, 주위 환경이 다르기 때문이다. 만일 흉한 방향이라는 것을 알면서도 불가피하게 현관을 낼 때는 내부를 어떻게 꾸미는가에 따라 흉운을 면할 수 있다.

예를 들어 남편의 방위인 북서쪽으로 현관이 있으면, 남편이 드나드는 가족의 발길에 늘 밟히는 꼴이 되기 때문에 기가 약해진다. 따라서 이 집은 여자의 세가 강하거나 아들이 귀한 집이 된다. 이런 경우에는 현관에 여자보다 남자의 신발을 많이 내놓고, 조명을 밝게 하는 것이 좋다.

만일 현관이 북쪽에 있으면 밝은 색의 꽃그림을 걸거나, 그밖의 방향에는 꽃을 장식한다. 단 꽃은 항상 시들지 않게 관리해야 하고, 흰색 꽃이나 꽃그림은 흉하니 피하도록 한다. 그리고 현관문의 폭이 좁거나, 여닫을 때 삐걱거리는 소리가 나거나, 여닫기가 힘들거나 불편한 집도 흉하다.

또 현관에는 신발이나 실내화를 정리해 두는 신발장이 필요한데, 현관의 공간과 균형을 이루지 못한다면 없는 것이 낫다. 그리고 지나치게 현관을 치장하는 집이 많은데, 되도록이면 요란하지 않고 간결한 인상을 주는 것이 좋다.

현관 벽을 그림으로 장식하는 정도는 괜찮지만 동물박제나 종교적인 것을 두는 것은 흉하다. 그러나 거울을 두는 것은 좋다. 현관을 들어서면서 왼쪽에 거울이 있으면 금전운을 높여 주고, 오른쪽에 있으면 명예와 지위를 높여 주며 누구에게나 인기 있는 사람이 된다. 단 거울은 테두리가 있으면서 너무 크지 않은 것, 그리고 언제나 반짝반짝 깨끗해야 길운을 부른다.

동쪽 현관이 좋다고 하는 것은 일조량이 가장 많기 때문이다. 그러나 아파트 같은 곳의 현관은 방범문인 철문으로 되어 있기 때문에 동쪽이라도 어두운 경우가 많다. 어두운 현관은 흉운을 부를 수 있으니 조명을 밝게 한다. 조명등이 있어도 어쩐지 나쁜 일이 계속된다고 생각한다면 새로 바꾸도록.

31
건강하고 젊게 살려면

어릴 때는 활동력이 왕성하기 때문에 잘 먹고 잘 놀며 일찍 자고 일찍 일어난다. 그런데 아침에 혼자 일어나지 못하고 늘 깨워야 하고, 개운하지 못한 모습으로 일어난다면 건강하지 못하다는 증거다. 만일 자녀가 이와 같아 걱정이라면 방을 동쪽으로 만들어 주도록.

동쪽은 떠오르는 아침해의 에너지가 넘친다. 이 태양 에너지가 깃들어 있는 동쪽에 방을 두면 아침 일찍 일어나는 습관을 갖게 되고, 자연히 건강에도 좋은 영향을 준다. 그리고 의기소침하고 기운이 없는 아이라도 활발하고 명랑하게 변해갈 것이다.

만일 동쪽이 어렵다면 동북이나 동남 방향으로 약간 비켜 있어도 동쪽의 좋은 기를 받을 수 있어 도움이 되고, 동쪽으로 머리를 두고 잘 수 있게 만들어 주도록. 성격도 밝아지기 때문에 학교에서도 인기 있는 아이가 될 것이다.

만일 어린이방이 남향이면 자유분방한 아이가 된다. 이것이 좋은 쪽으로 작용하면 다행이지만 나쁘게 작용하면 제멋대로일 우려가 있다. 만약 공부방이 남향이라면 차분하게 공부에 전념하기 어려우니 책상만이라도 북쪽을 향하게 만들어 산만해지기 쉬운 점을 막도록 해야 한다.

나이가 들어서도 젊고 활력있게 살고 싶은 것은 모든 인간의 꿈일 것이다. 보기에는 남부럽지 않게 모든 것을 갖고 있어도 건강하지 못해 늘 비실대는 사람이 있다. 그것도 가족 중 한 명만 그런 것이 아니라 가족이 모두 그런 경우가 있다. 이런 집은 아무리 돈이 많고 재능이 많아도 절대 행복한 가정이라고 할 수 없을 것이다. 가진 것이 많지 않아도 가족이 모두 건강하다면 축복받은 가정이라고 할 수 있다.

이 젊음과 건강운은 특히 침실이나 부엌과 깊은 관계가 있다. 아침에 거뜬하게 잠자리에서 일어나 새로운 하루를 열어 가기 위해서는 충분한 수면을 취해야만 한다. 그리고 건강을 유지하는 조건 중에서는 뭐니뭐니해도 첫째는 균형잡힌 영양섭취일 것이다. 즉 침실과 부엌이 중요하다는 뜻이다. 이 침실과 부엌은 동쪽과 서쪽 방위의 힘을 잘 이용하면 길운을 가져 올 수 있다.

동쪽 부엌은 젊음과 건강을 유지하는데 가장 좋다. 태양이 떠오르는 동쪽은 넘쳐나는 에너지로 충만해 있다. 이 방향의 부엌에서 요리를 하는 사람이나 식사를 하는 사람 모두 이와 같은 태양의 영향을 듬뿍 받아 언제나 생동감 넘치는 모습으로 살아갈 수가 있다. 물론 부엌은 깨끗해야 하고, 동쪽 창문을 통해 쏟아져 들어오는 햇볕을 방해하거나 가리는 것이 없도록 창가의 지저분한 것들은 모두 치우는 것이 좋다.

만일 부엌을 동쪽으로 두지 않는다면 음식을 만들어 동쪽에 있는 방으로 날라다 먹는 방법도 있다. 이때 식당의 창문을 활짝 열어 놓아 동쪽의 운이 방 안에 충만하도록 하는 것이 중요하다. 그리고 태양의 양의 기운을 죽이는 일이 없게 빨간색을 많이 사용하고, 가능하면 어둡지 않은 화제를 택한다. 물론 조명도 밝게 한다.

한편 침실은 북쪽이나 서쪽 방향이 좋다. 실내는 엷고 따뜻한 계열의 색으로 꾸미고, 조명도 여러 개를 사용해 눈이 피로하지 않도록 한다. 그러나 침실을 북쪽이나 서쪽으로 둘 수 없다면 실내를 차가운색 계열로 하고, 서쪽으로 머리를 두고 자도록 한다. 이 경우 조명을 약간 어둡게 하면 숙면을 취할 수 있으니 건강에 큰 도움이 될 것이다.

32
잠자는 동안에도 운은 변한다

　모든 인간은 자는 사이에 운이 변하고, 인생의 3분의 1을 침실에서 보낸다고 해도 좋을 정도다. 침실은 그만큼 중요한 공간이다. 침실 등 개인 공간은 어떤 방위에 있어도 흉하지 않지만 각 방위가 갖는 기의 영향에 따라 성격과 사업운이 크게 변하므로 이 점을 고려해야 한다. 젊었을 때는 대체로 동쪽 침실이 좋고, 나이가 들어서는 서쪽 침실이 좋다.

　잠자리는 가능하면 바닥에서 높이 있는 것이 좋다. 왜냐하면 대지의 에너지는 지표에서 90㎝쯤 되는 곳이 가장 강하게 작용하기 때문이다. 그렇지만 이것은 어디까지나 1층에 살 때의 이야기다. 만약 1층이라 해도 반지하실 위에 있거나 2층 이상에 살 때는 잠자리가 낮아도 상관없다.

우리나라 사람은 잠을 잘 때 머리두는 방향을 중요하게 생각하는 경향이 있다. 이것은 북쪽은 죽은 사람이 머리를 두는 방향이라 하여 흉하게 여기기 때문이다. 그러나 예로부터 머리는 차게, 발은 따뜻하게 자는 것이 좋다는 말이 있다. 이에 따르면 방의 온도는 아무래도 북쪽은 낮고 남쪽은 높기 때문에 북쪽으로 머리를 두고 자는 것은 자연스러운 일일 뿐 아니라 건강에도 좋다는 결론이 나온다. 북쪽으로 머리를 두고 자면 숙면할 수 있고, 순조로운 대인관계를 유지할 수 있다.

또 북쪽은 금전운이 좋아지는 방향이니, 주머니에 돈이 들어오지 않는다면 북쪽으로 머리를 두고 자보도록. 또 매사에 의욕이 없거나 활동량이 많은 영업인은 동쪽으로 머리를 두고 자는 것이 좋다.

부부가 더블침대보다는 트윈침대를 사용하는 것이 남자를 사회적으로 출세하게 한다는 설이 있다. 그렇다고 좁은 침실에 억지로 트윈침대를 놓는 것은 오히려 운을 흉하게 한다는 것을 알아야 한다.

한편 침실의 천장 높이는 운에 중요한 작용을 한다. 만일 남자가 바닥에서 천장까지의 높이가 240㎝도 안 되는 침실을 사용하면 의기소침하고 의욕이 떨어지기 쉽다. 만일 천장을 높일 수 없거나 이사가 쉽지 않다면 적어도 천장을 흰색이나 베이지색으로 바꾸는 것으로 보완할 수 있다.

33
행복한 가정을 만드는 조명

　실내조명은 각 방의 역할에 따라 음양의 균형을 맞추어 강하게 또는 약하게 조절할 수 있어야 한다. 그런데 전기를 절약한다고 간접조명만을 쓰는 집이 많다. 이것은 실내가 어두워 음의 기운이 감돌아 좋지 않은 작용을 한다. 거실 천장 한가운데 커다란 조명기구를 다는 것은 즐거운 가족관계를 위해서도 필요하다. 간접조명을 할 때는 반드시 한 곳에는 스포트라이트를 쓰거나, 빛의 강약을 조절할 수 있는 독서등이나 스탠드를 설치하는 것이 좋다.

　형광등은 백열등에 비해 3배 정도의 빛을 내기 때문에 많이 사용한다. 경제적인 것도 좋지만 침실까지도 형광등의 조명에만 의존한다면 출세와는 거리가 먼 길을 걷게 된다. 큰 스탠드밖에 없는 침실이나, 침대 머리맡의 조명만 있으면 건강을 해치게 되고, 생활의 여

유를 잃게 된다. 가장 좋은 것은 키가 큰 플로어스탠드 한 쌍을 창가
에 나란히 두는 것이다.

　만약 생활의 활기를 잃어가는 것처럼 느껴진다면 이 플로어스탠드
를 설치해 보도록. 그러나 연인과 트러블이 있거나, 혼자만의 사랑
으로 애태우는 사람이라면 침실에 스탠드는 두지 않는 것이 좋다.
벽이나 천장의 조명을 밝게 하는 것만으로도 멀어지는 사랑을 되찾
을 수 있을 것이다.

34
집안을 편안하게 만드는 거실

　생활하기 편안한 거실이 있는 가정일수록 화목하며 가족을 신뢰하는 분위기도 강하다. 따라서 거실의 역할은 매우 중요하다. 거실은 가족끼리 터놓고 대화할 수 있는 공간이나, 그렇다고 언제나 대화만 하는 것도 아니다. 대개는 실내 어딘가에 오디오나 텔레비전이 있기 마련이고, 그것을 중심으로 배치한 소파에 앉아 편안하고 여유있는 시간을 즐기기도 한다.

　이 텔레비전이나 가구를 아무곳에나 놓는 것은 좋지 않다. 텔레비전은 동쪽이나 남쪽에 놓아야만 가족간에 대화도 늘고 집안이 화목해진다. 만일 서쪽에 있으면 어른 아이 할 것 없이 오락에만 빠지고, 북쪽에 있으면 차분해야 할 기가 흩어져 다툼이 생긴다.

　그리고 진기한 골동품이나 도자기·그림·불상 등은 이상한 기를 간직하는 것들이 많아 흉하게 작용할 때가 많다는 것도 주의해야 한다. 특히 동물박제나 칼이나 무기 장식 등은 그 집에서는 귀중한 물건인지 몰라도 가운을 떨어뜨리며 집안의 불화를 만드는 원인이 될 수도 있다.

한편 거실은 집의 중심부에 위치하는 경우가 많다. 그렇다면 집의 중심부를 차지해야 할 가장이야말로 거실을 사용하는 가족 중에서도 가장 주인적인 인물이라고 할 것이다. 따라서 거실에는 가장의 기가 항상 넘치게 하는 것이 중요하다. 즉 가장이 자주 사용하는 물건을 놔두거나, 가장의 서재를 겸할 수 있게 꾸미는 것도 좋은 방법이다.

한 가정의 행복은 가장이 중심에 있어야만이 유지될 수 있는 것이다. 그렇지 않으면 가장의 출세도, 가족의 번영과 안정도 기대하기 어렵다.

35
가족의 운을 좌우하는 화장실

예로부터 화장실은 언짢은 냄새와 물이 흐르는 흉한 곳이라는 인식이 있어, 실내에 두지 않고 집에서 떨어진 곳에 그것도 대문 쪽에서는 보이지 않는 집 뒤편으로 두는 것이 보통이었다. 그러던 것이 오늘날에는 재래식 화장실이 사라지고 농촌까지 거의 수세식으로 바뀌면서 더 편리하게 이용할 수 있도록 실내에 두게 되었다. 그러나 그렇다고 물을 다루는 곳은 양의 기운을 많이 떨어뜨린다는 가상(家相)에서 화장실을 흉하게 보는 사고까지 달라진 것은 아니다.

특히 북쪽 화장실은 좋지 않게 여긴다. 북쪽은 하루종일 햇볕을 보지 못하는 가장 추운 장소로, 건강에 해롭다고 믿어왔다. 실제로 북쪽에 화장실을 둔 가정에 신장과 방광에 이상이 있는 사람이 많이 나오는 것으로 알려져 있다.

또 현관에 있는 화장실도 좋지 않다. 화장실에 가고 싶어도 현관으로 통하는 거실에 사람이 있으면 그곳을 지나간다는 것이 쉽지 않고, 나올 때도 바깥 사정에 신경을 쓰게 된다. 그러다 보면 참는 일이 많아지고, 건강상 해로울 수밖에 없다.

남서쪽 화장실 또한 음의 기운을 강하게 하므로 좋지 않다. 게다가 남서쪽은 여름철에 실내 기온이 가장 높아지는 곳으로, 화장실 냄새가 집안의 공기를 뒤흔들어 놓을 것을 생각하면 이런 집의 운세가 좋을 리 없다는 것쯤은 누구라도 알 수 있을 것이다. 화장실은 환기를 자주하고 깨끗하게 청소해야 가족의 건강과 운이 트이는 집안의 좋은 기운을 방해하는 일도 없을 것이다.

36

복이 드나드는 창

문이나 창문은 행운이 드나드는 곳으로, 위치나 크기가 매우 중요하다. 방의 크기를 고려하지 않고 전면창이 유행이라고 해서 아무렇게나 창만 크게 잡으면 안 된다. 이것은 기를 사방으로 흩어지게 하므로 흉운을 가져 올 수 있다.

과거의 주택을 보면 대개 남쪽으로 창이 있다. 이것은 안에서 밖을 보기도 하고, 농작물의 상태를 살펴보기도 했던 것이다. 그래서 그런지 남쪽 창이 없으면 돈이 잘 들어오지 않고, 세금문제로 트러블이 생긴다는 말도 있었다. 이처럼 부족한 남쪽의 기운을 받기 위해서는 남쪽을 한껏 밝게 꾸미고, 풍경사진 같은 것을 장식하는 것이 좋다.

또 서쪽 창문은 집안의 돈이 나가는 상이다. 서쪽은 음의 기운이 작용하는 방향으로, 창문을 만든다면 작게 하는 것이 좋다. 북쪽 창문 역시 작아야 좋다. 반대로 동쪽이나 남쪽은 양의 기운이 작용하기 때문에 크게 만들면 집안 가득 햇볕이 들어오는데다 여름에는 시원한 바람이, 겨울에는 따뜻한 햇살이 들어온다.

만약 남쪽과 동쪽 창문이 없거나 작고, 서쪽이나 북쪽으로 큰 창이 있는 집은 수입은 적은데 지출은 많아져 점점 빈곤해지는 최악의 가상(家相)이 된다.

그렇다면 남서쪽으로 커다란 창문이 있으면 어떨까? 남서쪽은 노력과 분발하는 힘을 다스리는 방위로, 기운이 분산되거나 빠져나가 게으르게 만든다. 만약 수험생이 이 남서쪽 방을 사용하면 그 결과는 무서울 수도 있다. 남서쪽 방은 절대로 피하고, 남서쪽 창문은 두꺼운 커튼으로 가려 운이 빠져나가는 것을 막아야 한다.

37
재물운을 좋게 하려면

큰돈은 없지만 여유를 즐기기에는 부족함이 없는 사람이 있다. 누가 보더라도 상당히 여유있는 여행이나 휴가를 즐긴다. 특별히 큰 회사의 사장도 중역도 아닌데 돈이 따르는 사람들이다. 이와는 반대로 돈이 따라주지 않는 사람은 돈을 빌리지도 못한다. 금전운은 불가사의한 것으로 부족한 사람은 아무리 잡으려 해도 따라주지 않는다. 하지만 이럴 때 조금만 실내 분위기를 바꾸면 금전운도 당신 곁을 떠날 수가 없다.

금전운은 서쪽해를 좋아하나, 이 서쪽해는 일하고 싶은 의욕을 잃게 만들고 단순한 쾌락에 빠지게 하는 버릇도 있다. 돈이 따르지 않는 운을 가진 사람이 놀고 있는 것을 상상해보자. 그 사람의 인생은 암울할 것이다. 금전운은 서쪽해가 직접 비치지 않는 서쪽향 방을 좋아한다. 서쪽 방위에 있는 방을 다음과 같이 꾸며보도록.

서쪽에 큰 창이 있으면 커튼이나 블라인드를 베이지색으로 바꾸는데, 강한 스트라이프는 피하는 것이 좋다. 남서쪽에도 창이 있으면 커다란 창 때문에 태양의 기가 작용할 의욕을 잃는 것이므로 창 양쪽에 수납가구를 놓아 둘 것. 만약 가구를 놓을 수가 없으면 조명기구를 남서의 큰 창문쪽에 놓는다. 즉 커다란 창에서는 남서의 에너지를 빠져나가게 하므로 사람을 게으르게 만드는 면이 있다.

또 바닥의 색은 갈색 등 짙은 색으로 하고, 카페트가 필요하면 베이지색 계열로 하도록. 천장은 소리를 흡수하는 효과가 큰 재료가 좋고, 갈색이나 베이지색 계열이 좋다.

38
부동산운을 좋게 하려면

부동산으로 돈을 번다면 더없이 기쁜 일이겠지만, 만약 노력해서 집을 갖게 되었을 때 그것에 만족하지 않고 조금 더 좋은 집을 갖고 싶은 사람도 많을 것이다. 부동산을 마련하기엔 돈이 들고, 또 인연이 없으면 아무리 돈이 있어도 자신의 것이 되지 않는다. 반면 좋은 물건의 혜택을 받도록 타고난 사람은 남의 도움도 많고, 시기적절하게 싼값으로 살 기회가 생긴다. 한마디로 부동산운이 있는 것이다.

부럽다고 생각하는 사람은 자신의 부동산운을 높이는 방법을 연구해보자. 우선 토지를 생각하는 사람이다. 토지는 당신이 살고 있는 곳에서 남서·북서·동쪽 방향으로 인연이 있다. 그런데 이 세 방향으로 현관·부엌·욕실·화장실 등이 있으면 인테리어로 보완한다.

동쪽은 정보나 토지와 관계있는 계획. 남서는 부동산 중 특히 대지의 기가 작용한다. 북서는 일가가 그 땅에 살며 행운이 오는지 어떨지 하는 전체적인 운이다. 이 세 방위의 상승작용이면 빚이 있어도 금방 갚고, 대출도 갚아나갈 수 있다.

동쪽은 어린이나 젊은 사람에게 내준다. 만약 식당이 동쪽에 있으면 동쪽에 있는 의자를 자녀가 쓰게 한다. 동쪽 태양의 양기를 빼앗거나 해치는 일이 없도록 음기운이 감도는 색깔이나 형태의 것을 사용하지 않을 것. 동쪽을 현관으로 쓸 수 있으면 더없이 좋다.

남서쪽에 큰 창문이 있으면 좋지 않다. 만약 창문이 있으면 항상 커튼으로 가려두도록. 이 남서쪽에 화장실이나 욕실, 부엌이 있으면 분명히 말해 부동산운은 없다. 그렇지 않고 남서쪽으로 방이 있으면 이 방을 사용하는 것만으로도 부동산운이 좋아진다.

또한 북서쪽에 현관이나 부엌이 있어도 부동산운과는 인연이 멀다. 북서와 남서, 동북 방향의 운이 뒷받침해 주지 않으면 좋은 주택이나 아파트와 인연을 맺기 힘들다. 만약 동북 방향에 화장실이나 정화조, 쓰레기 버리는 곳이 있으면 건물운과 인연이 없어진다. 즉 귀에 좋은 정보를 갖고 있어도 계약이 잘 이뤄지지 않거나 실망할 일이 연속될 가능성이 크다.

그밖의 용도로 동북 방향의 방을 사용하고 있으면 창은 활짝 열어서는 안 된다. 오히려 두꺼운 커튼 등으로 좀더 어둡게 해주어야 한다. 만약 자녀가 있으면 아들 방으로 사용할 수 있게 해준다. 이렇게만 해도 주택, 아파트운은 당신의 것이 된다.

39
재능을 발휘하려면

나에겐 왜 특별한 재능이 없을까 하고 한탄하는 사람이 많을 것이다. 또 자녀나 배우자에게서 뭔가 한 가지 재능이라도 찾아내 끌어내주고 싶어 하는 사람도 있을 것이다. 어쨌든 사람은 누구나 한 가지 재능은 타고난다고 했다. 전에는 별다른 두각을 나타내지 않던 사람이 갑자기 재능을 발휘하기 시작한 이면에는 개축이나 이사가 반드시 있었다.

우연히 재능이 발휘되는 집으로 이사를 가게 되었다거나 그렇게 설계를 바꾸었다면 그것은 정말 행운이다. 감추어진 재능을 발휘시키는 인테리어는 현관과 거실, 그리고 부엌이다.

영업이나 기획력 같은 재능은 아침해가 드는 현관과 햇볕이 잘 드는 거실, 부엌에 깃드는데 인테리어가 좋지 않으면 모처럼의 재능도

소용 없어진다.

천장과 벽의 색은 동색 계열을 사용하도록 하는데, 회색 계열이나 파란색 계열이라면 활력적으로 일하는데 방해가 되므로 피하는 것이 좋다. 창문은 환기를 시킬 수 있을 정도의 크기가 좋고, 반드시 커튼을 달도록 한다.

거실과 부엌의 색은 그린 계열이나 갈색, 베이지 계열이 좋다. 기획이나 영업 등 액티브한 재능은 햇볕이 잘 드는 현관과 거실과 깊은 관계가 있다. 만약 서쪽해가 들거나 햇볕이 잘 들지 않는 현관, 그리고 식당에도 햇볕이 잘 들어오지 않는다면 경리, 세무직에 재능이 있다. 이때 현관이나 식당은 전체적으로 엷은 색을 사용하는 것이 좋으나 가구는 화려한 색을 사용해도 무방하다.

음악이나 그림 등 예술이나 스포츠의 재능을 키우고 싶으면 현관은 동쪽으로, 조명도 환하게 하는 것이 좋다. 거울을 달아도 좋고, 노랑이나 파랑 등 밝은색 소품 등을 장식해도 좋다.

본래 천장의 높이나 넓이를 무시하면 에너지가 반대로 작용한다. 즉 흉작용이 있는데, 예술이나 스포츠는 한순간의 힘이 필요하므로 반대되는 운도 중요하다. 그렇지만 정리되지 않고 지저분하면 흉해지니 주의해야 한다. 또 부엌이나 식당은 언제나 깨끗해야 한다.

40
공부를 잘 하려면

조용히 사색에 잠기거나 공부하기에 좋은 방위는 북쪽이다. 북쪽은 북극성이 있는 방위로, 사물은 이 방위를 기점으로 시작한다.

대학교수 등 머리를 쓰는 직업에 종사하는 사람들 중에는 서재를 북쪽으로 배치한 사람이 많다. 직사광선을 피할 수 있으므로 책이 바래거나 쉽게 상하는 것을 방지할 수 있다. 그러나 책에 치명적인 습기가 찰 수 있으므로 통풍이 잘 되도록 신경을 써야 한다.

북쪽은 지혜와 건강을 지배하는 방위다. 집중적으로 공부하기에 북쪽 이상가는 방위는 없으니, 아이들 공부방은 북쪽에 두는 것이 좋다. 부득이 북쪽이 어려우면 책상만이라도 북쪽을 향해 놓아주도록 한다. 가장 이상적인 것은 북향방에 책상도 북으로 놓는 것이다.

그러나 책상 앞에 창문이 있으면 안 된다. 바깥 풍경이 보이면 정신이 산만해지기 쉽기 때문이다. 물론 책상 위에는 공부에 관한 것 외에는 일체 놓지 않아야 한다. 텔레비전은 물론 카세트녹음기 등도 놓지 않도록 한다. 음악을 들어야 공부가 더 잘 된다고 주장하는 사람도 많지만 유행하는 가요나 팝송을 들으면서 그 리듬에 따라 몸을 흔들어대며 공부에 보다 더 집중할 수 있다는 것은 잘못된 생각이다. 다만 가사가 없는 클래식 정도라면 소리를 낮춰 조용히 흐르게 하는 것은 정서적으로 안정이 될런지도 모른다.

41
역경을 극복하려면

　인생의 기로는 갑자기 찾아온다. 본인이 감지할 정도라면 대비해 두는 것도 좋지만 나중에야 후회하게 되는 것이 아쉽다. 지금의 행운을 그대로 유지하고 싶어한다면 참으로 행복한 사람일 것이다. 그러나 설사 그렇더라도 인간관계와 신용을 중히 여기지 않으면 운은 언제 없어질지 모른다. 건강과 돈. 균형적으로 에너지 흡수가 행해져야 한다.

　부엌이나 거실, 현관은 동남쪽, 화장실이나 욕실은 남서쪽, 응접실이나 침실은 서쪽이 좋다.

　동남쪽 방은 통풍이 잘 돼야 한다. 햇볕이 잘 드는 곳이니 장점을 살려 실내를 태양의 혜택을 충분히 받는 따뜻한 색으로 하고, 햇살이 너무 강한 남서쪽 방은 블라인드나 커튼으로 막아준다. 이 방위에 방을 쓰면 특히 위장이 약한 사람에게 좋다.

서쪽 방향의 방은 조명은 밝게 하되 서쪽으로 기우는 햇볕이 너무 강하게 들어오지 않도록 하는 것이 중요하다. 이때 방안에 물을 들여놓는 것은 좋지 않으니 분수나 수족관을 만드는 것은 좋지 않다.

화장실이 동북이나 북쪽, 남서쪽에 있으면 흉하다. 동북에 있으면 사고나 판단의 실수를 일으키고, 뭔가 일이 순조롭지 않거나 지연되거나 자금이 생각대로 움직여지지 않는다. 북쪽에 있으면 인간관계가 어려워지고, 가족과 헤어지게 된다. 남서쪽에 있으면 건강을 해치고, 가족간에 화목하지 못하며, 매사에 의욕을 잃게 된다. 화장실은 항상 깨끗하게 하고, 소품은 흰색을 사용하고, 통풍에 신경쓰도록 한다. 또 현관이 안으로 쑥 들어가 있거나, 현관문을 열면 거실이나 부엌, 식당 등이 모두 들여다 보이는 집은 근심이 생긴다.

42
사랑하는 사람을 만나려면

만일 사랑하는 사람을 갖고 싶으면 좋은 인연을 키우기에 적합한 인테리어를 만들어보자. 우선 이성의 관심을 끌려면 인상이 청결해야 하고, 상냥하며 포용력이 있고, 신뢰감과 유머와 교양이 있어야 할 것이다.

북쪽 방향의 방은 친절, 동남은 용모, 동북은 남자다움, 동쪽은 유머감각의 기가 흐른다. 그런데 만약 서쪽으로 문이 있고, 남서쪽이나 남쪽에 창문이 있으면 어떤 기의 영향도 받지 못하므로 여성들에게 인기는커녕 외로운 신세를 면하지 못할 것이다. 이런 사람은 북쪽에 책상이나 책장을 놓아두고, 거울 위로 조명을 설치하는 등 방의 조도를 높이는데 주력하도록 한다.

그리고 이 네 방위의 기가 깃든 곳에는 어항 같은 것을 놓아두면 좋지 않다. 또 주전자나 식기, 찻잔 같은 것도 방위의 에너지를 방해하므로 주의해야 한다. 방이 어떤 방향에 있든 있든 침대를 중앙에 두고 머리를 남쪽으로 두고 자면 확실한 효과를 볼 수 있을 것이다.

여성도 마찬가지로 이성운은 문과 창을 통해 들어온다. 남자들이 가장 동경하는 상냥하고 아름다운 마음씨는 북쪽 방향으로 난 문이나 창으로 들어오고, 거리낌없고 붙임성 있는 성격은 서쪽 방향에 있는 문이나 창으로 들어온다. 이때 창문은 너무 크지 않은 것이 좋다. 또 아름답고 밝은 용모는 남쪽에 난 문이나 창으로 들어오고, 멋진 감각은 동남쪽의 문이나 창을 통해 들어온다.

이상에서 가리키는 방향으로 난 문이나 창문이 없으면 인테리어로 보충해야 하는데, 어디까지나 침대를 중심으로 생각한다. 만약 침대가 서쪽으로 바짝 붙어 있다면 붙임성을 키워주는 힘이 잠자고 사이에 흡수될 것이다. 만약 북쪽에 문이나 창문이 없으면 침대를 북쪽으로 붙여놓고 잔다.

이와 같이 문이나 창문이 없는 방향으로 침대를 붙이고 자거나, 인형이나 액자 등 소품으로 장식하면 그 방향의 좋은 기운을 받을 수 있다. 만약 서쪽으로 기우는 햇볕이 강하게 들어오는 방이라면 커튼이나 블라인드로 막아주지 않으면 사랑하는 남성을 갖는 것은 꿈으로 끝나 버릴지도 모른다.

43
결혼에 성공하려면

결혼 적령기가 지났는데도 좀처럼 혼담이 이뤄지지 않는 사람들이 많다. 누구 못지 않게 공부도 했고, 집안이 뒤쳐지는 것도 아니고, 특별히 못 생긴 것도 아닌데 무엇이 문제일까? 이런 생각 때문에 초조하다면 우선 방의 구조부터 살펴보라.

남성에게 결혼운이 좋은 방향은 북쪽, 동북쪽, 동쪽이다. 지금 살고 있는 집의 중심에서 이 세 방향을 잘 살펴보기 바란다. 만약 이 중에서 움푹 패여 있는 부분이 있으면 그 집에서 결혼하기는 어렵다. 어딘가 한 곳 뿐이라면 화분이나 그림 등으로 가려두면 손상된 기를 약하게 만들어 전체 밸런스를 좋아지게 한다.

또 위의 세 방향 모두 부엌이나 화장실, 욕실이 차지하고 있다면 그 집에서는 좋은 인연을 만나기 어렵다. 그러나 한 방향이나 두 방향뿐이라면 우선 열심히 구석구석 청소를 해서 언제나 청결하게 하고, 조명도 밝게 한다. 그리고 따뜻한 색 계열의 소품들을 적극 이용하고, 테이블은 사각형을 쓰도록 한다.

방은 가능하면 위의 세 방위 중에서 택하는데, 실내는 따뜻한 색 계통으로 꾸며 양의 기운이 강하게 해야 한다. 그렇지 않고 음의 기운이 강하면 혼담은 여전히 이루어지기 어렵다. 침대는 북동쪽으로 붙여놓고, 머리는 동쪽으로 두고 잔다. 책상을 북쪽을 향하게 하면 누구한테나 인기 있는 남자가 되고, 결혼운도 서서히 열릴 것이다.

한편 여성의 결혼운을 좌우하는 것은 북쪽과 서쪽, 그리고 동남쪽이다. 딸의 방은 집의 중심에서 보아 동남쪽에 있는 것이 가장 좋다. 침대는 남쪽으로 붙이고, 머리는 동쪽을 향하게 한다. 즉 동남쪽으로 머리를 두는 셈이다. 거울이나 화장대는 서쪽에 두어 동쪽을 향하게 한다. 만약 이것이 어려우면 북쪽에 놓아 남쪽을 향하게 한다. 북동쪽으로는 책상이나 책장을 놓는 것이 좋다. 만약 욕실이 북쪽에 있으면 좋은 남자가 생기더라도 그 사람에게 아직 교제 중인 다른 여성이 있을지 모른다. 이럴 때는 욕실을 화려한 소품이나 색깔로 바꿔 양의 기운이 한껏 밝아지게 한다.

한편 여자의 성격에 강하게 영향하고, 상대 남성이 가장 신경쓰는 과거의 남자 관계는 서쪽 방위로 알 수 있다. 서쪽에 부엌이 있으면 가장 좋지 않다. 잔소리가 많고 자기 멋대로이며 낭비벽이 많은 여성이 된다. 또 서쪽에 세면대가 있으면 헤퍼지기 쉽다. 또 서쪽에 현관이 있으면 돈에 얽매이기 쉬워 부자가 아니면 거들떠 보지도 않는 여성이 된다. 또 서쪽에 계단이 있으면 주장이 강하며 독신주의자가 되기 쉽다.

이와 같은 흉한 기운을 몰아내려면 부엌에는 직사각형의 중후한 나무 테이블을 놓고, 꽃을 장식해 두도록 한다. 현관은 항상 청결하게 유지하고, 여성스런 그림으로 장식하고, 세면대 거울은 언제나 깨끗하게 하고, 조명도 밝게 한다. 계단에는 딸의 어릴 때 사진이나 초상화 등을 걸어두면 흉운은 길운으로 바뀔 것이다.

44
직장을 잃지 않으려면

　최근 심각한 불황으로 어려워진 경제도 문제지만, 다니던 회사가 부도나는 바람에 하루 아침에 직장을 잃는 실직자가 나날이 늘고 있다. 현실이 이렇다 보니 지금은 출세는커녕 현상유지를 하는 것만도 감지덕지할 정도다. 언제 무슨 일이 닥칠지 몰라 불안하다면 다음과 같은 대책을 세워보자.

　우선 남편이 쓰는 방이나 서재를 북서쪽이나 북쪽 가까운 곳에 만든다. 욕실과 화장실은 따뜻한 색 계열로 꾸미고, 항상 청결하며 향기가 감돌게 하고, 천장의 조명은 한껏 밝게 한다.

　동북 방향의 부엌은 항상 청결하게 유지하는 것이 중요하다. 특히 바닥은 반짝반짝 윤이 나도록 닦고, 식탁에는 꽃을 꽂아두고, 가전제품들도 깨끗하게 먼지를 털어서 다른 공간으로 옮겨놓는다.

45
독립, 전직에 성공하려면

　남성이든 여성이든 자신의 능력을 좀더 발휘하고 싶고, 더 높은 수입을 올리고 싶은 것은 당연한 일이다. 따라서 직장을 옮기려고 생각하거나 독립을 꾀하는 사람도 적지 않다. 즉 자신을 상품으로 인식하는 사람들이 늘고, 비싸게 팔리기를 원하나 쉬운 일은 아니다. 독립이나 직장이나 직종을 바꾸는데도 운이 따르지 않으면 안 되는 것이다.

　그렇다면 변화운과 독립운, 자기 표현 능력을 높이기 위해서는 어떻게 하면 좋을까? 이상한 일이지만 운은 분명히 현관을 통해 드나든다. 그러나 서쪽해가 들거나 햇볕이 잘 들지 않는 현관은 독립할 기회가 좀처럼 오지 않고, 마땅한 직장도 잘 구해지지 않는다. 즉 표현력이 약하기 때문에 상대방에게 자신의 장점을 발휘할 기회를 갖지 못하는 것이다. 이럴 경우는 현관에 양의 기운이 강해지도록 꾸며 놓으면 운세가 바뀔 수 있다.

채광은 더 밝게 하고, 조명이 어둡다면 밝게 바꾸도록 한다. 노란색은 변화를 나타내며 양기를 발휘하기 때문에 현관을 노란색으로 장식하면 변화운이 생길 것이다. 그러나 아무리 채광이 잘 되고 노란색으로 꾸몄더라도 정리가 안돼 어지럽다면 운은 나가버리니 항상 깨끗하게 정리하도록 한다.

46
스트레스를 해소하려면

스트레스의 원인은 무수히 많다. 더구나 최근에는 나쁜 경제 때문에 가장이나 주부의 스트레스는 말할 수가 없을 정도다. 또 수험생의 스트레스! 이런 스트레스를 방치하면 치명적인 병으로 발전할 수 있으니 무서운 일이다. 그래서 집을 스트레스 해소에 도움될 수 있는 공간으로 만들어야 하는데, 어떤 구조가 좋을까?

스트레스를 해소하는데 가장 도움이 되는 것은 목욕과 식사와 수면이다. 개운하게 목욕할 수 있는 욕실과 맛있는 음식을 즐길 수 있는 여유있는 장소, 숙면을 취할 수 있는 침실이 갖추어져 있다면 스트레스도 두려울 것이 없을 것이다. 우선 개운한 목욕을 샤워에만 의존할 수는 없다. 다만 몇 분이라도 몸을 담글 수 있는 욕조가 필요하다. 물이 맑아 보이게 선명한 파란색의 욕조가 좋지만, 이 차가운

색을 커버하려면 다른 소품들은 따뜻한 색을 선택해 음양의 균형을 유지한다.

수건은 흰색을 사용한다. 그러나 깨끗하지 않으면 효과가 반감된다. 식탁은 직사각형이 좋다. 만약 흠이 있거나 칠이 벗겨져 낡은 느낌을 준다면 손질해서 깨끗한 것을 사용한다. 식당 조명은 간접조명을 사용하는데, 너무 촉광이 낮으면 불안과 초조감을 높이니 주의해야 한다.

숙면에 도움이 되는 침대는 크고 넉넉해야 한다. 40대 이후라면 침실을 서쪽에 두는 것이 좋다. 이것이 쉽지 않으면 침대를 방의 서쪽이나 북서쪽 가까이 놓는 것이 좋다. 젊은 사람은 침실이 어느 쪽이든 상관없다.

북쪽 침실은 커튼이나 이불 등은 따뜻한 색 계통으로 하고, 침대는 서쪽을 향하게 놓아 서쪽으로 머리를 두고 잔다. 동쪽 침실은 차가운 색 계통이 좋다. 머리는 동쪽이나 서쪽 어느 쪽으로 두고 자도 상관이 없지만, 동쪽은 아침햇살이 너무 강하니 두꺼운 커튼을 치도록 한다. 남쪽 침실은 태양의 양기를 다소 줄여야 하니 창가에 화분을 두는 것이 좋다. 그리고 젊은 사람은 동쪽으로, 40대 이후에는 서쪽으로 머리를 두고 잔다. 서쪽 침실은 기우는 햇볕이 쏟아져 들어오는 않도록 커튼으로 막아준다. 이 방위는 기분을 가라앉게 하고 말수를 적게 만드니 부부사이가 원만하지 않다면 침실로 정하지 않는 것이 좋다. 부득이하다면 침대는 북쪽이나 동쪽으로 놓는다.

47
가족이 화목하려면

북쪽은 남녀의 애정문제와 관계가 깊은 방위다. 부부사이가 원만하지 않거나 문제가 있으면 우선 방의 방향부터 점검해 보자. 부부의 침실을 북쪽으로 바꾸고, 실내를 엷고 따뜻한 색 계열로 꾸민다. 이때 침대는 서쪽으로 붙이고 머리는 북쪽으로 두고 자는 것이 이상적이다. 이때 서쪽에 창문이 있으면 지는 햇빛이 방으로 들어오지 않도록 커튼으로 가려주고, 침대도 벽에서 약간 떼어 놓는다. 왜냐하면 방으로 기우는 햇빛이 들어오면 어느 한쪽이 바람을 피울 우려가 있기 때문이다.

만일 서쪽에 있는 방을 어린이가 사용한다면 공부보다는 노는 것을 좋아하는 아이가 되기 쉽다. 서쪽은 기쁨과 쾌락의 방위이기 때문에 부부의 침실로 만드는 것이 더 낫다. 이때도 서쪽에 창이 있으면 커튼으로 빛을 가려주고, 침대는 중앙에 놓고, 북쪽으로 머리를 두고 잔다. 그러나 욕실이 서쪽으로 있으면 기쁨이 밖으로 나가는 가상(家相)이 된다. 특히 아내가 집안에서 기쁨을 찾기보다 밖에서 구하는 상이 된다. 이것을 막으려면 목욕은 저녁에 하지 말고 아침에 한다. 드리고 욕실을 전체적으로 노란색 계통으로 꾸민다.

한편 부부사이에는 큰 문제는 없는데 자녀나 시부모와 갈등이 끊이지 않는 가정이 있다. 자녀가 말을 잘 듣지 않거나 폭력적이어서 걱정한다면 동북쪽에 있는 방을 어떻게 사용하는지 점검해 볼 필요가 있다. 동북쪽은 귀문이라고 해서 새로운 양의 기운이 발생한다고 한다. 이 방에서 가정의 양의 기운이 만들어지는 셈인데, 이곳이 어지러우면 양의 기운을 방해한다.

예로부터 부정한 장소로 여기는 화장실이 동북쪽에 있으면 가족이 불화한다고 했다. 조금이라도 이 나쁜 기운을 몰아내려면 화장실을 깨끗하게 청소한 다음, 분위기를 바꿀 필요가 있다. 전체적으로 흰색 계열로 바꾸고, 향기로운 꽃을 꽂아두거나 조명을 밝게 한다.

만일 고부간이나 부부간에 싸움이 잦거나 가출하는 자녀가 있으면 남쪽에 무엇이 있는지 점검해 본다. 이곳에 욕실이나 세면실이나 부엌이 있거나, 열대어를 키우는 수족관이 있으면 흉하다. 남쪽은 별리를 다스리는 방위로, 보통은 집안에 해롭거나 적합하지 않은 것을 몰아내는 방위가 되었을텐데, 언제나 물이 흐르기 때문에 남쪽의 기운이 식어 불화의 원인이 되는 것이다.

이것을 막으려면 우선 욕실 창문은 언제나 열어두고, 물은 받아놓지 않도록 한다. 이 방향의 욕실과 부엌은 녹색 계열로 꾸미고, 통풍에 신경을 쓴다. 또 싸움이 잦은 것은 남쪽의 기가 너무 강하기 때문이며, 커튼 등으로 빛을 막는다.

만약 금전문제나 이성문제, 그리고 딸이 불량하여 걱정이라면 서쪽의 방에 문제가 있다. 이곳에 부엌이 있으면 함께 식사를 하면서도 대화가 없다.

서쪽에 계단이나 화장실, 욕실이 있으면 금전문제로 다툼이 끊이지 않는다. 또 서쪽을 향해 큰 창문이 있어도 마찬가지다. 큰 창은 커튼으로 가리고, 가구도 가능하면 서쪽으로 배치하지 않도록 한다. 그리고 실내는 갈색 계열로 꾸며 차분한 분위기를 만든다.

4장. 전원주택의 꿈, 이렇게 이룬다

최근의 경기한파로 전원주택 붐도 주춤하는 기세.
그러나 실수요자에게 있어서 전원주택을 마련하기에는
지금이 더할 나위 없는 좋은 시기.
그렇다면 어떤 곳에 어떤 집을 마련해야 유리할까?

48
한 걸음 더 자연으로

도시 사람들은 도시생활 자체에 지쳐 있다. 이른 아침 성냥갑처럼 빽빽하게 들어서 있는 집에서 빠져나오는 순간부터 와닿는 회색 공기는 숨을 막히게 한다. 그리고 없어선 안될 교통수단이지만 차량들이 울리는 경적소리는 신경을 자극한다. 잠시 주차시키려 해도 비싼 요금을 내야 하고, 그것도 공간이 없어 몇 번이고 뺑뺑 돌아야 한다.

도시에는 땅이 부족하다. 흙을 밟아본 지가 언제인가 아득하기도 하다. 이와 같이 환경은 인심을 각박하게 만들어 살풍경한 모습들이 곳곳에서 눈에 들어온다. 이런 생활에서 벗어날 수는 없을까? 정신적으로 여유를 느낄 수 있는 곳. 그래서 사람들은 전원생활을 동경한다. 그래서 최근에는 너도나도 교외로 나가고 싶어 한다. 이것은 자연스런 욕구다.

49
땅은 많아도 사기는 어렵다

주택을 지으려고 할 때는 지목이 대지로 되어 있는 땅을 사야 가장 안전하고 이용가치도 높다. 물론 땅값이 비싸다. 지역에 따라 약간의 차이는 있지만 준농림지와 비교하면 두 배 정도는 된다. 그러나 각종 인허가 절차를 거치지 않아도 되기 때문에 그만큼 비싼 것은 당연하다.

그럼 비싼 대지를 살 것 없이 준농림지를 사서 집을 지으면 어떻게 될까? 준농림지를 대지로 변경하려면 대지전환 비용이라는 것이 드는데, 땅값의 최대 30% 정도다. 거기다가 농지취득 자격증명이나 임야매매 증명 같은 절차를 밟아야 하기 때문에, 다소 값이 비싸더라도 대지를 사는 것이 훨씬 이로울 수 있다.

아무튼 대지이든 준농림지이든 전국에 팔려고 내놓은 땅은 많다.

그러나 아무리 땅이 마음에 들고 돈이 많아도 마음대로 살 수 없는 실정이다. 부동산 투기를 규제하기 위한 토지거래 규제 때문이다. 토지거래 허가구역이란 토지거래에 앞서 이용계획을 허가받는 제도로 1978년 8·8 조치 중의 하나로 도입되었다. 이 제도는 국토이용관리법 도시계획 농지법 등 관련 이용계획에 부합될 때만 거래허가를 내줘 투기 목적으로 취득하는 것을 방지한다. 그러나 1998년부터는 대부분의 규제가 해제될 것으로 예상한다.

어쨌든 사려는 땅이 토지거래 허가구역에 속하는 경우, 현지 거주의 원칙에 따라 해당 시군에 전가족이 이주해 있어야 한다. 지난 1996년 1월부터 개정된 농지법에 따르면 그동안 국토이용관리법에 따라 토지거래 허가구역으로 묶여 있는 곳은 서울을 포함한 수도권(인천·경기), 4대 광역시(대전·대구·광주·부산) 및 광역시 인접 시·군, 제주도의 준농림지였다.

이 토지거래 허가지역 고시지역에서 일정 면적 이상의 토지를 사고팔 때는 시장이나 구청장, 군수의 허가를 받아야 하는 제도가 곧 토지거래 허가다. 그런데 건교부는 1998년 1월 30일부터 국토면적 가운데 32.7%에 이르는 토지거래 허가구역을 대부분 해제시키고 3.3%만 허가구역으로 남기기로 결정했다.

허가구역으로 계속 남는 지역은 택지개발지구 주변, 고속철도 정차역 주변, 시와 도지사가 건의한 관광온천지역, 산업단지 주변 지역, 인천국제공항 건설지역 등 대형 국책사업 주변 지역으로 한정되므로써 나머지 허가구역에서 해제되는 지역에서는 토지거래 사전 허가 없이 매수자가 바로 소유권 등기를 할 수 있는 등 재산권을 조기에 행사할 수 있게 된다. 또 그동안은 허가없이 맺은 계약은 무효처리되었지만 이제는 그럴 염려가 없어 앞으로는 수도권의 농지와 임야·대지를 훨씬 자유롭게 구입할 수 있다. 향후 전원주택을 지을 사람들에게는 매우 반가운 일이다.

50
전원생활 맛보기

　비록 가족이 모두 전원생활을 동의했다 해도 도시가 아닌 곳에서 살아본 경험이 없다면 크게 실망할 수도 있다. 전원생활에 대한 동경이 크면 클수록 실망은 더할 것이고, 가정불화로까지 확대될 수도 있다. 그렇다면 왜 이런 일이 일어나는 것일까? 이것은 그림같이 아름다운 집을 꿈꾸기만 했을 뿐, 생활은 고려하지 않았기 때문이다.

　도시생활과 전원생활은 다른 점이 많다. 전원은 상쾌한 공기와 시원한 전망, 매일매일 느낄 수 있는 사계절의 변화. 더없이 좋은 곳이다. 그러나 도시보다 불편한 것도 많다. 도시에서는 집에서 조금만 나가도 백화점이나 편의점·수영장·극장·헬스클럽 등의 시설을 쉽게 이용할 수 있다. 한 통화의 전화로 음식을 주문해 먹을 수도 있고, 외식하는데도 어려움이 없다. 이와 같은 생활에 익숙하고 그 즐거움을 포기할 수 없는 사람은 며칠은 전원생활을 즐기겠지만 나중에는 그것이 도 스트레스가 될 수 있다.

도시에 일터가 있는 사람은 한낮의 무료함을 느낄 틈이 없을지도 모른다. 그러나 주로 집에서 시간을 보내야 하는 주부에게는 마치 창살없는 감옥과 같이 느껴질 수도 있다. 따라서 일단 저지르고 보자는 생각으로 전원생활을 시작하는 것은 위험하다.

우선 어떤 것인지 맛보는 것부터 시작해야 한다. 가까운 전원에 사는 친척이 있으면 찾아가 휴가를 보내보거나, 주말농장이라도 빌려 자연과 친해지는 연습을 해보는 것이 좋다. 이때 음식을 모두 준비해 갖고 가서 그저 먹고 마시는 일만 즐기려고 해서는 안 된다.

채소나 가축, 화초나 정원수를 키우는 재미. 그리고 남는 시간을 그 지역의 특성을 살린 취미로 이용해 보는 재미. 이런 것을 느낄 수 있는 사람이 아니라면 도시를 탈피한다는 것은 어렵다. 시간을 두고서 전원생활이 어떤 것인지 충분히 맛본 다음 결정하자.

몇 년 전부터 전원생활을 꿈꾸던 사람이 있었다. 그러나 부부가 모두 도시에서 나고 자랐기 때문에 도시를 떠나는 것이 자신이 없었다. 그래서 생각한 것이 전원생활이 어떤 것인지를 체험해 보자는 것이었다. 그는 자신의 집을 전세로 내놓고, 광주에 있는 전원주택에 전세로 들어갔다. 8개월 정도 사는 동안 아내도 잘 적응하는 것 같았고, 초등학생인 아이들도 큰 불편을 느끼지 않는 것 같아 집을 짓는 계획을 구체적으로 추진하고 있다.

51
좋은 땅을 볼 줄 알려면

전원주택을 지을 땅을 살 때는 목적에 맞게 최선의 땅을 골라야 한다. 도시생활을 모두 청산하고 수도승처럼 도를 닦는 기분으로 살겠다고 생각하는 사람이라면 깊은 산중이라도 상관없겠지만, 도시에 직장이 있고 자녀의 교육문제도 생각해야 한다면 교통사정을 염두해야 한다. 또 뜻이 맞는 이웃이 가까이 있다면 더없이 좋을 것이다.

그럼 좋은 땅을 고르려면 어떻게 해야 할까? 사람들은 부동산업자의 말만 믿고 쉽게 결정하는 경향이 있다. 그러나 어차피 자연이 좋아 가는 이상 주변 환경을 직접 느껴보고 결정하도록 한다. 흔히 집을 짓기에 가장 좋은 조건은 배산임수라 하여, 뒤에는 산이 있고 앞에는 물이 있어야 한다고 한다. 그러나 아무리 배산임수를 갖추었어도 대중교통이 드나들지 않는 정도라면 고려해봐야 한다.

1. 자기 입장에서 어느 지역이 좋을지 충분한 정보를 구한다.

직장이나 자녀 교육문제가 없으면 도시에서 멀어도 좋지만, 그렇지 않다면 어느 정도는 도시와 가까운 것이 좋다. 또 친인척과의 왕래가 빈번하다면 대중교통을 이용하는데 불편하지 않아야 한다. 만일 특수작물을 키우거나 과수원을 만들 계획이라면 기후와 토양, 지대가 알맞은 곳을 선택해야 한다. 어쨌든 다양한 정보를 찾아 가장 적합한 지역을 미리 정해 둔다.

2. 그 지역의 사람을 통해 땅에 대한 정보를 알아본다.

지역정보지나 부동산업자, 누구를 통하든 좋은 땅만 산다면 관계없지만, 땅에 대한 정보를 가장 많이 아는 사람은 역시 그 지역에 사는 사람이다. 과거에서 현재까지 그 땅의 역사를 자세히 알기 때문에 속을 염려가 없을 것이다. 게다가 아는 사람을 통하면 나중에 그곳으로 들어갔을 때 낯선 곳에서의 위화감 같은 것도 어느 정도는 줄일 수 있다.

3. 법적인 하자가 없는지, 주변환경은 어떤지 충분히 알아본다.

아무리 아는 사람에게 소개를 받아도 등기부등본이나 토지대장, 토지이용계획서 등을 반드시 확인하는 것이 좋다. 그리고 또 땅의 진입로 문제나 근처에 공해를 유발하는 공장이 들어설 계획이 없는지 등등, 해당지는 물론 이웃 환경까지 철저하게 알아봐야 한다.

52
토지거래, 앞으로 어떻게 달라지나

정부가 '부동산 및 건설산업 지원대책'의 일환으로 내놓은 토지거래 신고구역 폐지 및 허가구역 대폭 축소방침으로 달라지는 것은 무엇일까?

우선 농지를 구입할 때, 330평 이상 구입할 때는 통작(通作)거리와 거주지 제한이 있고 토거래 허가를 받아야 하는 등 여러 가지 조건이 따랐다. 그러나 앞으로는 수도권이나 제주도 내 해제 지역에서 농지는 농지법상 농지취득자격 증명만 받으면 되는 것으로 절차가 매우 간단해진다. 예전 같으면 모든 가족이 농지가 있는 시·군으로 주소를 옮기고 실제로 거주해야만 했는데 이와 같은 조건이 없어지기 때문이다.

하지만 농지취득 자격을 받기 위해서는 여전히 영농계획서와 농지관리위원의 도장을 받아야 한다. 영농계획서가 필요한 이유는 농지로 취득하고서도 농사를 짓지 않고 버려두어 유휴농지로 만들어 버리는 일이 없도록 관리감독하기 위해서다.

다만 농지를 취득한 후 일정기간 동안 농업에 이용하지 않거나, 농지전용 허가를 받고도 2년 이내에 목적한 사업을 착수하지 않으면 처분명령을 받게 되고, 지정기간 이내에 처분하지 않으면 토지가격의 20%를 이행강제금으로 물게 되므로 주의해야 한다.

아울러 농지전용 허가를 받지 않고 농지만 취득한 사람은 1년에 30일 이상 농작업에 종사해야 하는데, 자신의 직업이나 생활 여건상 직접 농사를 지을 수 없을 때는 위탁영농이라는 방법도 있으니 고려해 보도록 한다.

이 농지에 대한 토지거래 허가제가 폐지되면서 전원주택을 지을 수 있는 준농림지와 국도변 농지에 대한 관심이 매우 높아지고 있어, 실수요자 입장에서는 어쩌면 지금이 서두르면 서두를수록 싼 가격에 좋은 땅을 구입할 수 있는 좋은 시기라고 할 수 있다.

53
토지거래 허가구역에서는

그러나 아무리 제한규제가 느슨해졌다고는 하나 아무 땅에나 집을 지을 수 있는 것은 아니다. 토지거래 허가구역이 아직 전국에 여전히 남아 있다. 또 같은 토지거래 허가구역이라 해도 땅의 용도가 대지인지 논밭인지 임야인지에 따라 살 수 있는 면적이 제한된다.

만약 그 땅이 논밭이면 330평 이상을 사야 농지취득 자격증명이 주어진다. 만약 전원주택을 지을 예정으로 농지를 사는 사람이어서 이 규정을 피해 규모에 관계없이 논밭을 구입하려면 구입 즉시 바로 농지전용허가를 받아 집을 지어야 한다. 이 경우에는 집을 지을 목적으로 대지를 산 것으로 간주하기 때문에 면적제한규정을 받지 않는다. 동시에 집을 짓기 전에도 명의 이전이 된다.

임야인 경우에도 준농림으로 지정된 곳은 전원주택을 지을 수 있지만, 역시 토지거래 허가구역 내에 있으면 구입 시점 6개월 전부터 소재지에 거주해야 매입할 수 있고, 606평 이상을 초과할 때는 토지거래 허가를, 3천30평 이상일 때는 임야매매증명을 받아야 했다. 그러나 앞으로는 3천30평 이상일 때만 임야매매증명을 받으면 되고, 그 이하는 아무 제약없이 구입할 수 있다.

따라서 수도권에서 개발이 가능한 3천30평 이하의 준보전임지는 앞으로 가장 주목받는 투자처가 될 것이다. 준보전임지는 전원주택이나 카페 · 가든 · 주말농원 등 다양하게 개발할 수 있으나, 예전에는 임야를 구입하려면 시골로 주소를 옮기지 않으면 불가능한 일이었다. 그러나 준농림지에 대한 농지전용 · 산림형질 변경허가를 받으면 주소를 옮기지 않아 등기이전과 함께 전원 주택을 지을 수 있다.

한편 이번 조치로 관심이 가장 집중되는 곳은 토지거래 허가구역에서 벗어나게 된 서울과 수도권 도시 변두리에 있는 자연녹지나 보전녹지가 아닐까? 전에는 도시계획 구역 내의 녹지지역을 구입하기 위해서는 1백평 이상만 되어도 토지거래 허가를 받아야 했고, 대지의 경우는 151평 이상일 때 받아야 했으므로 그 이하인 땅을 찾아야 했는데, 실제로 그 이하인 자투리땅을 구하기란 하늘의 별따기와도 같아 외지인이 사기는 매우 어려웠다.

그러나 이제는 원하는 땅을 쉽게 살 수 있게 여러 가지 규제에서 풀렸기 때문에 앞으로는 녹지지역에 있는 대지야말로 좋은 투자처로 등장하게 될 것으로 보인다.

또 허가구역으로 남는 지역에 대해서도 정부는 기업의 토지거래를 원활하게 해줌으로써 기업의 자금난 해소와 구조조정 촉진의 계기를 마련한다는 방침이다. 즉 주택업체 등이 허가구역으로 남는 지역을 활용하려고 할 경우 대한건설협회·한국주택협회 등 사업자 단체에서 사업목적용 토지거래임을 확인받으면 절차를 간편하게 해준다는 방침이며, 국토이용계획을 사전에 변경할 수 있도록 조치해 소형 주택업체 등이 용적률 등 적용을 덜 받고 택지를 구할 수 있게 되었다.

이렇게 해서 토지거래 신고구역에서의 신고는 모두 없어진 셈이다. 다만 허가구역 내 일정 면적 이하 토지는 허가를 받지 않는 대신 사후 신고를 해야 한다는 것만은 알아두도록 한다.

54
터를 고를 때

적은 돈으로 전원주택을 지으려고 한다면 비싼 대지보다 준농림지를 사서 형질을 변경하면 부담을 훨씬 줄일 수 있다. 먼저 330평 이상의 준농림지를 구입하고, 면적제한에 걸리지 않게 즉시 농지전용허가를 받는다. 대지도 토지거래 허가구역에서는 151평이 넘으면 토지거래 허가가 필요하다. 그리고 반드시 사방 1Km 이내의 오염시설 분포를 알아보고, 주변의 땅에 앞으로 들어설 시설이나 오염 가능성이 있는 공장이 있는지 확인한다. 다음은 좋은 전원주택을 짓는데 알맞은 입지 조건을 살펴보자.

1. 배산임수에도 조건이 있다
좋은 집터의 조건으로 배산임수를 들지만 배산임수를 갖추었다고 해서 무조건 좋은 것은 아니다. 집 뒤에 아무리 좋은 산이 있어도 공기의 흐름을 방해하거나 채광을 좋지 않게 하거나 교통을 불편하게 만들면 곤란하다. 산이나 언덕은 가능하면 북쪽이나 북서쪽에 있어 집이 기대는 형상이어야 좋다. 그리고 남향집이라고 해도 뒤를 막아주는 산이 없으면 겨울에는 찬 북서풍 때문에 춥고, 여름에는 무더운 동남풍 때문에 더운 집이 되고 만다.

또 앞에 강이나 물줄기가 있어도 장마 때 물이 넘칠 염려가 있는 강이나 계곡은 피해야 한다. 또한 계곡의 땅은 장마철에 갑자기 물이 불어나 많은 피해를 입을 수도 있다. 게다가 이런 지역은 지반이 약하거나 토사가 유출할 가능성도 있으니 자세히 살펴봐야 한다.

2. 도로에 접한 남향집

아무리 좋은 집이라도 길도 없이 외딴 곳에 덩그라니 떨어져 있으면 좋지 않다. 집을 지으려면 관청의 인허가를 받아야 하는데 도로가 없으면 허가가 나지 않는다. 그러므로 반드시 4m 폭의 도로에 접한 땅을 사야 한다. 그런데 사람들은 도로문제는 생각하지 않고 배산임수에만 매료되어 덜컥 샀다가 나중에 후회하기도 한다.

특히 그 땅이 작은 개울을 건너야 하는데 공사 차량이 충분히 왕복할 수 있는 시설이 되어 있지 않으면 허가가 나지 않을 수도 있다. 특히 접도문제는 전원주택지의 가격과도 관계가 있으니 신중해야 한다. 그러나 4m 도로에 접해 있어도 하루 일조량이 충분하지 않다면 좋은 집이 될 수 없다.

전원주택을 짓기에 좋은 땅은 집 주위의 땅에 햇볕이 골고루 들어 적당히 살균되고 적당히 건조한 곳이다. 그렇다고 하루종일 직사광선이 내리쬐는 곳도 좋지 않고, 서쪽으로 기우는 햇볕이 집안으로 가득 들어오는 것도 좋지 않다.

3. 지반과 토질이 좋아야 한다

산림지를 개발하거나 농지를 전용해서 짓는 전원주택들이 많다. 이렇게 산을 깎아서 옹벽이나 석축을 쌓아 조성했거나, 흙으로 매립해서 조성한 땅은 토사유출로 붕괴할 염려가 있다. 지반을 단단히 다진 후 건축하면 모르지만, 배수나 강화작업을 철저하게 하지 않으면 집이 무너질 수도 있다.

또 산업이나 생활 폐기물을 매립한 땅은 인체에 해로운 가스를 발생해 치명적인 해를 입을 수도 있다. 이밖에도 서로 다른 지질이 만나는 곳은 지각의 변동으로 건물이 붕괴될 우려가 있고, 지대가 낮거나 경사가 심한 곳도 토사유출의 우려가 있으니 피하는 것이 좋다. 또 배수가 잘 되어 습하지 않아야 한다. 그러나 배수가 너무 잘되어 항상 메마르거나 암석과 자갈이 많은 땅도 좋지 않다. 광물질이 많거나 지하에 수맥이 있는 땅은 건강에도 좋지 않고, 풍수지리학적으로도 꺼린다는 것도 알아두자.

55
임야를 살 때

임야는 보전임지와 준보전임지로 나뉜다. 보전임지는 성격상 농림지와 같은 것으로, 땅값은 싸지만 전원주택 건축허가를 받기가 힘들다. 경관이 빼어나게 아름다운 강이나 호수 주변의 임야는 대개 보전임지에 해당하는데, 농업진흥지역과 마찬가지로 임업이나 농업이 아닌 다른 목적으로 사용할 수 없다.

따라서 전원주택을 짓는 등 어떤 목적으로 땅을 사는 사람이라면 택지로 개발이 가능한 준보전임지를 사야 한다. 1997년 3월부터는 산림법이 개정되어 임야매매 증명제도가 완전히 폐지되어 임야 매입은 훨씬 수월해졌다.

그러나 준보전임지라 해도 토지거래 허가구역에서는 역시 거래허가를 받아야 한다. 해당지역에 주소를 두고 있지 않아도 농지전용허가를 받아 전답에 집을 지을 수 있는 것처럼 임야 또한 산림형질 변경허가를 얻으면 전원주택을 지을 수 있다. 산림형질 변경허가를 신청할 때는 사업계획서, 훼손되는 임야의 실측도, 벌채(伐採)구역도, 산림의 소유권 또는 사용 수익권을 증명할 수 있는 서류를 시·군청 또는 영림서에 제출한다.

여기서 산림의 소유권을 입증할 수 있는 서류는 지주의 토지사용 승락서로 대체가 가능하다. 임야는 대지나 전답에 비해 가격이 매우 싸다는 이점이 있다. 따라서 입지여건만 좋다면 대지 조성 후 시세가 오르기 때문에 큰 시세 차익을 올릴 수 있어 투자면에서도 유리하다.

56
어떤 땅이 유리한가

서울에 생활기반이 있는 사람이 선택할 수 있는 전원주택지의 폭은 매우 좁다. 직장까지 출퇴근로가 직접 연결되어 있으면 다행이나, 그렇지 않으면 출퇴근 시간을 줄일 수 있는 교통수단이 있는 곳을 우선으로 고려해야 한다. 지금 당장 집을 짓는 것이 아니어도 앞으로의 교통망이 어떻게 될 예정인지에 대한 정보를 입수해서 유리한 곳에 사면 투자면에서도 손해는 보지 않을 것이다.

전원주택지로 각광받는 곳은 앞에서도 말했듯이 배산임수의 조건을 갖춘 곳이다. 그중에서도 물줄기가 앞에 있어야만 전원답다는 생각을 해서인지 사람들은 강변을 동경한다. 그래서 앞에 강이 있는 땅이면 따지지 않고 무조건 샀다가 '연안고시지역'이라는 것을 알고 낭패를 본다. 연안고시지역은 강물 수위가 최대한 변했을 때 물에 잠기는 범위를 정해둔 곳으로 절대 집을 지을 수가 없다. 게다가 서울근교에서 강변이라면 북한강이나 남한강 줄기인데, 이곳은 서울시민들의 식수원이어서 규제가 매우 까다롭기 때문에 집을 짓지 못하는 경우가 많다.

또 강변에는 습도가 높아 건강을 해칠 염려가 많다. 만약 가족 중에 기관지가 약한 사람이 있으면 강변의 집은 좋지 않다. 어쨌든 전원주택에 적합하면서 배산임수를 갖추고 도로에 접해 있는 땅은 매우 한정되어 있고, 이미 외지인들이 투기목적으로 사둔 땅이 많아 비싸다. 대지이면 더더욱 그렇다.

이런 경우에는 건축이 가능한 준농림지의 논밭이나 임야를 사서 농지를 전용하는 방법이 있다. 이 농지전용 허가는 몇 가지 서류를 작성해 지역 농지관리위원회에 신청해야 한다. 심사를 통과하면 농어촌진흥공사에 대체농지조성비 및 농지전용부담금을 납부하고, 영수증을 제시해 허가증을 받으면 바로 소유권 이전이 가능하다. 이때 잊지말아야 할 것은 농지전용허가를 받아서 대지를 마련할 때, 한번 전용한 농지는 집을 지은 후 8년 안에는 다른 목적으로 용도를 변경할 수 없다는 사실이다.

아무튼 대지나 준농림지 중 어느 것이 유리한가를 조목조목 따져보고, 배산임수에 얽매이지 말고 산을 좋아하는 사람은 산만, 물을 좋아하는 사람은 물만을 선택하는 것도 방법이다. 가격면에서도 납득할 수 있는 정도에서 구입하는 것이 좋겠다.

57
단지형 전원주택의 장점

전원주택을 짓고는 싶지만 여러 가지 여건상 직접 발로 뛰기에는 어려운 사람은 단지형을 찾아보는 것도 좋다. 말하자면 전원주택의 규격상품인데, 이런 곳에서는 전문가가 땅을 골라 개발업체를 조성하고, 모든 법적절차를 대행해 주기 때문에 많은 수고를 덜 수 있다. 게다가 개인이 설치하기엔 부담이 큰 상하수도와 전기 시설, 연료와 조경 같은 각종 편익시설 문제를 일괄적으로 해결해준다.

단지형 전원주택지의 가장 큰 이점은 대부분이 외지인이어서 비슷한 입장의 사람들이 모여 살 수 있어 고립된 느낌이 없다는 것이다. 아무리 전원생활이 좋아 결정했다고 해도 아는 사람 하나 없는 낯선 동네로 들어가 사는 것보다는 비슷한 사람들끼리 모여 산다면 한결 의지가 될 것이다. 게다가 대지보다 값싼 논밭이나 임야를 형질변경한 곳이 많기 때문에 대지를 사서 집을 짓는 것보다 비싸지 않다. 물론 당사자가 직접 발로 뛰는 것 보다야 비싸겠지만, 그 정도 수고를 덜 수 있다.

이때 주의해야 할 것은 먼저 '소유권 이전'이 보장되는가를 따져 보아야 한다. 무자격자나 영세개발업자가 분양하는 일괄적 농지전용이나 산림형질변경을 받은 단지라면 소유권 이전에 문제가 있을 수 있다. 농지전용인 경우에는 단지내 전체 필지에 집을 지어야 하고, 임야는 30% 이상 지어야 각각의 소유권 이전이 가능하기 때문이다. 따라서 개발업체를 선정할 때는 신중해야 한다. 그리고 반드시 분양받으려는 전원주택단지가 필지별로 등기가 되어 있는지, 지목이 대지로 변경되었는지를 확인해야 한다.

58
동호인 주택의 장점

사실 도시에서만 살던 사람이 갑자기 생활터전을 전원으로 바꾼다는 것은 쉬운 일이 아니다. 아무리 각오를 해도 막상 행동으로 옮기려면 상당한 용기가 필요하다. 이럴 때 한 가족만 덩그라니 내려갈 것이 아니라 뜻을 같이 하는 친구나 몇 가족이 함께 간다면 한결 든든할 것이다. 이것이 요즘 각광받는 '동호인 주택'이다.

동호인 주택의 최대 장점은 토지이용의 효율성을 극대화하여 경제적인 부담을 크게 줄일 수 있고, 여유 면적을 많이 잡지 않아도 된다는 데 있다. 게다가 평당 건축비가 적게 든다. 독채 공사일 때는 인건비나 자재비, 그리고 지형상 불비한 곳일 때는 개발비까지 포함하여 부대요금이 적지 않게 든다. 그러나 여러 채를 지을 때는 비록 부대요금이 붙더라도 공동으로 부담하고 자재를 구입할 때도 일괄구매를 하면 단가가 낮아진다. 따라서 동호인 가구수가 많으면 많을수록 평당 건축비는 크게 낮아진다. 만약 입주한 다음 보수할 일이 생겨도 단독일 때보다 질좋은 서비스를 받을 수 있다.

그러나 무엇보다도 동호인 주택의 장점은 의지할 수 있는 사람들끼리 모여 산다는 데 있을 것이다. 직장을 가진 남자들이 모두 출근한 뒤에도 아내들이 적적하지 않게 지낼 수 있고, 시골에서 친구를 만들기 어려운 아이들에게도 좋다. 서로 뜻이 맞아 오래도록 사이좋게 살아갈 수 있는 사람이 있다면 이와 같은 동호인 주택을 계획해 보는 것도 좋다.

59

잠깐, 땅을 계약하기 전에

　단지형 전문주택지의 이로운 점에 대해서는 앞에서 상세히 설명했다. 개별적으로 전원주택지를 구입하고자 할 경우에는 많은 어려움을 각오해야 한다. 특히 부지를 고르는 일부터 건축준공이나 등기 등 자신이 발로 뛰어야 하기 때문에 상당한 시간과 노력이 든다. 그리고 몇 가지 주의할 점이 있다.

　첫째, 만약 그 땅이 대지이고 집이 있으면 토지 소유주와 건축물 관리대장의 건물 소유주가 일치하는지 확인해야 한다. 왜냐하면 시골에서는 남의 땅에 집만 짓고 사는 경우가 적지 않기 때문이다. 이런 집인 줄 모르고 샀다가 나중에 낭패를 볼 수도 있다.

　둘째, 땅을 결정했으면 지적도상으로 4m 도로가 표시되어 있는지를 확인해야 한다. 현행 건축법상 건축허가를 신청할 때는 4m 이상의 도로가 접해 있어야 한다는 규정이 있다. 만약 도로가 나 있지 않을 때는 도로로 사용할 수 있는 토지 소유자의 토지사용승락서를 함께 제출해야 허가가 난다. 시골사람들이니 쉽게 사용승락서를 써주겠지 하고 생각했다가 집을 짓지 못하는 경우도 적지 않다.

셋째, 주변에 축사나 공장이 있어도 환경상 적합하지 않지만, 분묘 등이 있을 때도 나중에 개발에 대한 부가가치를 저해하는 등 말썽의 소지가 될 수 있으니 피하는 것이 좋다. 이밖에 대중교통 이용이 편하고 도로망의 여건이 좋으며, 교육이나 근린시설을 꼼꼼히 체크해 본다.

60
내 손으로 집을 지을 때는

땅을 마련했으면 이제 본격적으로 작업에 들어갈 때다. 그런데 사람들은 땅을 구하는 데까지는 적극적이다가 이 단계에서 느슨해지는 경향이 있다. 나머지는 전문가인 건축업자가 모두 알아서 해주겠거니 하는 생각에서 그런 것 같다. 그러나 자신의 의도가 업자에게 분명하게 전달되지 않으면 마음에 드는 집을 지을 수 없다는 것을 다시 한번 상기하자.

물론 설계에서 시공·완성까지 업자에게 맡기면 간단하지만 밑그림 정도는 그려보는 것이 자신의 의도를 정확히 알릴 수 있다. 그런 다음 각종 건축자재전이나 주택전시관을 돌아보거나, 전원주택들을 답사하는 것도 필요하다. 가능하면 그곳에 거주하는 사람들과 이야기도 나누어 보고, 건축자재의 장단점도 따져보면서 자신의 계획에 가장 맞는 공법을 살펴본 후 업체를 선정한다.

　업체를 선정하는 문제도 도시에서 일반주택을 지을 때와는 다르다. 가능하면 전원주택을 많이 지어본 업체가 설계나 비용문제로나 처음의 규모에서 크게 바뀌는 일이 없다. 아무튼 어떤 집을 지을 것인가를 먼저 결정하지 않고 업체부터 선정하면 끌려갈 수밖에 없다. 그리고 앞에서 설명한 운이 트이는 집을 염두하면서 공사를 시작하면 만족스런 집을 지을 수 있을 것이다.

　그리고 겨울에 공사하는 것은 피하는 것이 좋다. 만일 피치못할 사정으로 겨울공사를 하게 되면 기간을 봄가을보다 1.5배 정도 길게 잡고, 기초공사만이라도 겨울은 피하도록 한다. 집을 지을 때 진입로 문제로 갈등이 많이 생기는데, 자동차가 통행할 수 있는 최소한 2m 폭의 길이 필요하다. 지목상 도로부지인가를 보고 만약 사유지라면 토지 소유자의 동의를 받아야 한다. 길이 없으면 매도자가 진입로 개설을 책임진다는 서면보장이 있어야 한다.

61
나에게 맞는 집의 종류

조립식 주택은 비용이 적게 들고 빨리 짓는다는 장점 때문에 농촌의 주택개량사업에서 인기를 끌었다. 그러나 시멘트블록과 슬레이트 지붕은 겨울에는 보온이 되지 않고, 여름에는 온 집안을 찜통처럼 만들었다. 이와 같은 예전의 조립식 주택이 지녔던 문제점을 기억하는 사람들은 고개를 내젓는다.

그러나 요즘의 조립식 주택은 이런 단점들을 보완하여 단열성과 보온성이 매우 우수해졌다. 또 공장에서 대량생산을 할 수 있기 때문에 품질도 좋아졌고, 과거처럼 천편일률적인 형태가 아니라 자유롭게 구조를 변경할 수 있어 마음에 드는 공간을 만들 수 있다. 이와 같은 오늘날의 조립식 주택을 공업화 주택이라고 부른다.

그러나 아직은 외벽 구조재가 규격화되어 외관을 마음대로 꾸밀 수 없는 단점이 있으나, 건자재 가공기술의 발달로 외장재도 점점 다양해져 조립식 주택의 패션화가 착착 진행되고 있다. 또 단점은 방음성이 부족하다는 것이다. 만약 연결부위의 시공이 철저하지 않으면 방음성은 한층 더 취약하고, 내벽에 결로현상까지 생길 수 있으므로 믿을 만한 업체를 선정하는 것이 중요하다. 가능하면 설계에서 시공·관리까지 본사에서 모두 책임지는 업체를 고르면 내실 있는 집을 지을 수 있고, 문제가 생겼을 때도 애프터서비스도 신속하게 받을 수 있을 것이다.

공업화 주택 중에서도 벽돌을 쌓아 만드는 것이 아니라 쇠(철선)로 뼈대를 세우고 그 사이에 단열재를 넣어 벽체를 만드는 공법을 사용하는 것이 있다. 이를 경량철골조 공업화 주택이라고 하는데, 모든 구조재를 표준화·규격화해서 대량으로 생산하기 때문에 조립이 쉽고, 시공도 간단해서 공사기간이 비교적 짧은 편이다. 또 국내 최대의 경질 우레탄폼이라는 벽체용 판넬 등 우수한 신자재의 개발로 조립식 주택이 안고 있는 문제점인 단열·방음·방수 기능을 한층 높일 수 있다.

벽돌집은 최근에는 ALC블럭주택이라는 것이 많이 보급되는데, 이것은 미세하게 분쇄한 규석과 생석회에 시멘트와 기포제를 섞어 부풀게 만들어, 고온과 고압처리를 하여 일반 시멘트벽돌보다 가볍고 단열·방음·내화·내구성이 뛰어난 것이 특징이다. 다만 시공기술이 문제다. 블럭 자체의 성능은 모든 면에서 우수하지만 일반 벽돌을 쌓듯 대충 처리하여 틈새라도 생기면 기능상의 장점을 잃게 된다. 블럭생산과 주택사업을 함께 추진하는 업체들이 있으니 애프터서비스까지 고려해서 업체를 고르도록 한다.

최근 전원주택이라고 하면 뭐니뭐니해도 목조 주택이 가장 인기가 좋다. 예전 같으면 시공이 편리하고 단가도 싸다는 점에서 시멘트 건축을 선호하는 편이었지만, 요즘은 목재도 완전 규격화되어 조립식으로 시공할 수 있어 작업이 오히려 시멘트보다 수월하다. 게다가 완전한 통나무 주택을 고집하는 것이 아니라면 건축비도 많이 차이나지 않는다.

나무는 강도와 탄력성이 높아 충격을 잘 흡수하는 성질이 있고, 열효율이 우수해 단열재로서의 기능도 높을 뿐 아니라 방음성도 높다. 무엇보다도 나무는 숨을 쉬기 때문에 공기의 자연순환으로 쾌적한 실내환경을 유지시켜 줄 뿐 아니라, 집 안에서 삼림욕을 하는 것 같은 효과를 주기도 한다.

화재가 일어났을 때 다른 주택보다 위험하지 않느냐는 염려도 있지만 다른 재질에 비해 서서히 타들어가기 때문에 대피할 수 있는 시간을 벌 수 있다. 다른 인공소재는 불이 붙으면 심한 유독가스가 나오지만, 나무는 유독가스를 발생하지 않는다는 것도 장점이다.

또 목조 주택은 습기에 약해 수명이 길지 않을 것이라고 생각하지만 최근엔 방부·방충·방습 효과를 지닌 목재전용 특수도료가 개발되어 있다. 오히려 창틀이나 손잡이 등은 목재가 아닌 재료는 자주 교체해야 하지만, 목재는 관리만 잘 하면 백 년도 갈 수 있다는 것이 전문가의 말이다. 그러나 수입에 의존해야 하는 재료가 많은 것은 재고해 보아야 한다. 외부용으로 붙이는 널판지(판넬) + 플라스틱재를 사용하면 목재와 같은 질감을 내면서도 내구성이 있으니 고려해 보는 것도 좋다.

어떤 집을 지을 것인지는 각자의 취향에 따른 일이지만, 현장답사를 충분히 해서 각 주택의 장단점을 파악한 후 신중하게 결정하는 것이 좋다. 그렇게 해야만 가장 만족할 수 있는 꿈의 전원주택을 지을 수 있을 것이다.

62
전원주택에 유리한 태양열에너지

달러와 엔화의 환율이 높을대로 높은 이때, 대부분의 에너지 자원을 수입하는 우리는 더욱더 궁색한 느낌을 벗기 어렵다. 지구환경의 오염문제가 해마다 극심해지므로 앞으로는 환경오염문제를 줄일 수 있는 깨끗하고 경제적인 대체에너지를 생각해야 한다. 이와 같은 여러 가지 면을 생각할 때 앞으로 기대되는 것은 태양열에너지가 아닐까 생각한다.

태양열에너지는 석유나 가스와 같은 화석에너지의 고갈과 환경오염이라는 심각한 문제를 염두에 두고, 무한한 청정에너지 · 그린에너지로서의 대체에너지 차원에서 개발되었고, 세계적으로도 활용도가 높아가는 추세다. 태양열에너지는 기름이나 가스 등 일반 가정연료를 70%나 감소시키면서도 늘 따뜻한 물을 사용할 수 있는 것이 최대 장점이다. 그리고 햇볕이 잘 드는 곳에 설치하기만 하면 연료비나 유지비가 들지 않아 경제적이고, 해가 없는 날에도 찬물을 최하 40도까지 끌어올릴 수 있다.

지금까지 태양열 온수기는 농어촌 시설 및 도시의 주택 · 원예단지나 축사 · 병원 · 목욕탕 · 양식장 등 다양한 곳에 설치하여 그 효과를 인정받아 왔다. 특히 최근에는 충분한 일광의 혜택을 누릴 수 있는 전원주택지에서 크게 인기를 끌고 있다. 그러나 현재 우리나라 태양열 온수기는 봄과 가을의 평균 일사량에 맞춰 설계되어, 여름에는 열이 남고 겨울에는 모자란다. 따라서 난방용으로까지 활용하려면 보조 열원을 이용해야만 한다. 적정한 집열기 면적과 축열용량을 늘리고, 품질이 좋은 배관자재를 사용하여 시스템화하면 온수뿐 아니라 난방효율까지 높일 수 있다.

태양열 온수기 제품은 제품이 외장재이기 때문에 견고해야 하고, 사후관리가 잘 되는 것을 골라야 한다. 설치비용은 용량에 따라 3백만 원대에서 7백만 원대로 처음 설치할 때는 부담스럽지만 유지비와 연료비가 거의 들지 않는다는 점을 생각하면 훨씬 경제적이다.

63

텃세는 이렇게 극복해라

이렇게 전원주택을 마련했으나 낯선 동네에서 정을 붙이고 살아간다는 것은 말처럼 쉽지만은 않다. 같은 도시에서 이사를 하는 것도 결단이 필요한데, 도시에서 농촌으로 들어갈 때는 더욱 그러하다. 완전히 바뀌는 환경 때문에 마치 남의 자리에 누운 것처럼 껄끄럽기도 할 것이다.

게다가 일종의 텃세라고나 할까. 도시에서 온 외지인에 대해 동네사람들의 시선도 그리 곱지만은 않은 것이 현실이다. 그러나 처음 얼마 동안은 불편할지 몰라도 노력에 따라 얼마든지 동네사람들과 잘 지낼 수 있다. 그런데 가끔 내 돈 들여 집짓고 사는데 마을사람들이 뭐라든 무슨 상관이냐는 듯 행동하는 사람들이 있다. 그래서 땅을 살 때부터 동네사람들은 거들떠 보지도 않고 거만하게 행동하는 경우가 있다. 이래서는 결코 좋은 땅을 살 수도 없을 뿐 아니라 좋은 환경을 만들면서 살기 어렵다.

땅을 사려고 들어갔을 때부터 마을사람들에게 예의에 벗어나는 행동을 하지 말아야 한다. 집을 짓기로 결정했으면 최소한 이웃해 있는 집들을 찾아 인사를 하도록 한다. 그리고 공사가 시작되면 소음이나 자재산적 문제, 길을 어지럽히는 문제 등으로 마찰이 생기지 않도록 조심해야 한다. 더구나 집을 짓는 일은 몇 달씩이나 걸리는 일이기 때문에 공손하게 양해를 구하도록 한다. 도시보다는 공터가 많다고 함부로 했다가는 집을 다 짓고 살게 된 뒤까지도 시비가 끝나지 않는 경우가 있다.

이렇게 해서 집이 완공되고 짐을 들여 놓으면 이제 그 동네의 주민이 되는 것이다. 도시에서의 이사라면 옆집도 모르게 진행되고, 몇 달이 지나도 인사도 없이 사는 경우가 허다하지만 시골에서 는 그렇지 않다. 소위 터줏대감이라고 할 수 있는 동네어른들과 이장, 부녀회장이나 청년회장을 초대해 간단하게 식사라도 대접하면서 신고식을 치르는 것이 좋다.

그리고 동네 경조사에도 적극 참여하면 낯선 외지인에게 갖는 반감이나 구설수를 크게 줄일 수 있어 활동이 자유로워질 것이다. 그리고 자신의 경제력이나 영향력을 은근히 과시하는 것 같은 행동은 좋지 않다. 모든 것은 농촌의 정서에 맞아야 한다. 덜해도 더해도 좋지 않다는 것을 명심하자.

64
불황시대의 전원주택 건축전략

　최근의 경기침체와 물가상승은 전원주택의 꿈을 망설이게 한다. 대부분 살기가 넉넉해져서가 아니라 마음에 드는 집 한 채 갖기 어려운 척박한 도시생활에서 벗어나려는 생각으로 전원주택을 찾는 사람이 많은 만큼, 실수요자도 가까스로 전세를 면하게 된 서민층이 많다. 따라서 자금이 넉넉하지 않고, 은행대출을 계산에 넣는 경우도 많다. 그러나 요즘 같은 고금리시대에 대출을 받아 집을 짓는다는 건 무리다. 더구나 물가상승으로 건축자재비가 거의 30% 정도나 올랐다. 이런 상황에서는 자금이 넉넉한 사람도 망설여질 것이다.

　건축을 연기하면 간단하지만 땅을 사면서 바로 전용허가를 받았거나 건축허가를 받아놓은 사람들이 문제다. 왜냐하면 전용허가를 받은지 2년이 지나면 취소되기 때문이다. 그나마 전용허가를 받은 다음 등기를 이전했으면 허가가 취소되어도 재신청을 할 수 있지만, 등기를 이전하지 않은 사람은 2년 이내에 집을 지어야 하기 때문이다. 만일 건축허가까지 받아놓은 사람은 1회에 한해 6개월까지 착공연기를 신청할 수 있으니 절차를 밟아야 한다. 건축할 소재지의 해당 면사무소나 시·군·구청에 주민등록등본을 첨부하여 서류를 제출하면 간단하게 끝난다.

이와 같은 법규를 잘 이용해서 전용허가 기간이 다할 때까지로 건축허가를 늦추고, 그래도 시기가 적당하지 않으면 6개월간 착공을 연기하는 것도 방법이다. 다행히 그 안에 물가나 금리가 안정되면 좋겠지만, 연기기간이 끝나면 이젠 집을 지을 도리밖에 없다.

하지만 어떤 경우에도 겨울공사는 피해야 한다. 겨울은 봄이나 여름보다 건축비와 인건비가 모두 비싸다. 가뜩이나 건축비가 올라가는데 추가되는 부담이 있다면, 1억이면 지을 수 있는 집을 1억5천만 원 이상이 들어야 한다는 계산이 나온다. 따라서 연기를 하더라도 시기를 잘 계산해야 조금이라도 손실을 줄일 수 있다.

또 건축을 할 때는 가능하면 수입자재를 사용하지 말고 국산을 사용해야 비용을 줄일 수 있다. 앞으로 실업인구가 많아지면 노동시장이 풍부해져 종래와는 달리 인건비 걱정은 하지 않아도 되는 시대가 온다. 따라서 앞으로는 자재비는 줄고, 인건비의 비중이 높은 건축방법이 유리해질 전망이다.

이와 같이 생각해 볼 때 앞으로는 자재를 구하기 쉬운 황토주택이 각광받을 것이고, 자재비 절감을 위해서는 SRC하우스나 조립식 주택을 생각해 보는 것도 좋다. 이렇게 말하면 갑자기 전원주택에 대한 꿈이 사그러지는 듯한 느낌을 가질지도 모르나, 전원주택은 경제가 회복기로 들어설 즈음이면 다른 어떤 것보다도 환금성이 높은 부동산 상품으로 부각될 것이다. 따라서 장기적인 계획을 세워 내집 마련의 꿈을 전원쪽으로 돌려보는 것도 좋다고 생각한다.

5장. 속지 말고 제대로 보자

광고를 그대로 믿으면 손해를 보는 것은 소비자다.

진실과 과장이 함께 하는 것이 광고문이라는 것을 명심하고

현명하게 분석하며 판단하는 눈을 기르자.

65

광고, 무조건 믿지 말아라

신문에는 거의 하루도 빠지지 않고 아파트나 빌라, 다세대 주택의 분양정보를 담은 광고지가 끼어 온다. 어느 것 할 것 없이 자사 상품의 좋은 점을 최대한으로 피력하고 있다. 그러나 과연 실제 완성되었을 때 광고지의 문안대로 완벽한 조건을 갖춘 곳이 얼마나 될까? 그런 곳이 있다 하더라도 해당 세대수는 매우 적은데도 이것저것 거품을 넣어 자꾸 부풀리는 것은 주택에 대한 상식이 부족한 소비자를 현혹시키려는 것이다. 사실 이와 같은 수법에 순순히 끌려오는 소비자가 그만큼 많다는 얘기다.

요즘 아파트는 실내구조가 한결 같아서 색다른 미끼가 없으면 고객의 시선을 끌기 어렵다. 그래서 강조하기 시작한 것이 건물 양 옆에 위치한 세대가 가진 조건이다. 이곳이라면 3면 채광이 가능하기 때문에 안쪽에 있는 세대보다는 조금 색다른 계획을 세울 수 있다. 보통 3면 채광이 가능한 곳은 인기가 있기 때문에 비싸게 팔기 위해 실내를 다소 넓게 잡는다. 넓은 데다 채광도 잘 되니 확실히 구매자의 입맛을 돋군다.

그러나 이것은 다만 양 옆에 있는 세대만이 가질 수 있는 조건으로, 건물 전체로 보면 불과 20% 정도밖에는 안 된다. 나머지 80%는 어떨까? 그런데도 마치 전체가 그와 같은 조건을 가진듯이 광고하고, 이 손님끌기 작전에 이끌려 찾아온 고객에게 내미는 것은 광고와는 많이 다른 조잡한 계획이다. 게다가 하나에서 열까지 모두 기본사양인 것처럼 광고한 것과는 달리, 대부분을 옵션으로 별도의 높은 가격으로 책정한 곳도 많으므로 하나하나 까다롭게 살피지 않으면 낭패를 보게 된다.

광고만을 믿고 현지에 갔다가 실망을 하고 돌아왔다거나, 기가 죽어서 맥빠져 돌아왔다는 말을 자주 듣는다. 주택사업도 팔아야 남는 장사이다보니 이와 같이 속내용은 숨긴채 겉만 포장하여 손님을 끄는 업체가 많다. 매우 싼 가격에 빌라 부럽지 않은 실내를 강조하는 업자일수록 조심하자.

66

개성인가, 안전인가

집을 지을 때 제일 먼저 할 일은 갖고 있는 땅에 알맞은 건물의 배치, 용도, 입면디자인 등 기본설계를 하는 것이다. 다음은 규모와 용도에 따라 구조설계와 설비 및 전기설계 등을 부문별로 한다. 이와 같이 세 부문으로 구분하여 따로따로 설계를 하는데, 그중에는 이 모든 부문을 함께 취급할 수 있는 큰 건축사무소를 좋아하는 사람도 있다. 그러나 요즘에 와서는 이 세 부문이 따로따로 구분되어 있고, 각 사무소가 협조하는 관계로 건물의 특성이나 용도에 따라 전문성을 갖춘 건축사를 찾는 것이 좋다.

그런데 문제는 건축설계란 의장(意匠:외부디자인)만 우수하다고 해서 우수한 집이 만들어지지는 않는다는 것이다. 의장·구조·설비의 설계가 조화를 이루지 않으면 나중에 보수해야 하는 문제가 생긴다.

전문성이나 경험이 풍부한 건축사의 성실한 설계에 의해 시방서·견적 그리고 공정계획 등이 세밀히 체크되었을 때 위와 같은 문제를 사전에 방지할 수 있다.

특히 아파트 설계는 대부분 경험공학에 의한 것이기 때문에 업계에서 경력과 전문성을 가진 건축사를 선택하는 것이 유리하다. 설계비는 다소 비싸더라도 건축물의 용도별 전문성을 가진 건축사에서 설계를 하게 될 경우에는 짓고자 하는 지역성, 대지에 대한 특성, 건축주의 요구사항 등을 충분히 검토하여 이에 대한 프로그램에 따라서 건축주가 충족할 수 있는 건축물을 설계할 수 있게 된다. 그러나 상의하는 과정에서 과도하게 요구하기 보다는 전문가의 의도를 충분히 이해하면서 따라주는 것이 좋은 건물을 짓는 기본자세다.

67

눈이 보배, 그러나 함정도 크다

집을 사려는 사람이 아무곳이나 한 번 들어가 본 집에 만족하여 즉시 계약하는 일은 없을 것이다. 투기를 목적으로 사는 것이라면 몰라도 자신이 살 집이라면 발이 부르트도록 꼼꼼히 살피며 다니는 것이 사람의 심리다. 아파트를 분양받으려는 사람도 마찬가지다. 살고 싶은 지역이나 믿음이 가는 건설업체, 가족의 규모에 알맞은 평형 등, 마음으로 은근히 정해둔 곳이 있어도 이곳저곳 가볼만한 모델하우스는 전부 돌아보고 다닌다.

단독주택 희망자 역시 주택전시장 몇 군데 돌아보지 않는 사람은 없을 것이다. 특히 요즘 사람들은 많은 시간을 들이면서까지 같은 전시장을 몇 번이고 방문한다고 한다. 사실 수십 개 회사의 모델하우스가 있는 전시장은 집을 짓는 사람들에게 있어서는 귀중한 정보원으로 많은 참고가 된다. 자연적인 공부·연구의 장소로서 크게 활용할 수 있으면 더없이 유익한 일이다.

그러나 전시장에 다니는 동안 눈만 높아져서 처음의 계획이 점점 빈약하게 여겨지기 시작한다면 이것은 적신호다. 주택전시장의 모델하우스란 온갖 귀금속으로 호화찬란하게 치장하고 식을 올리기만을 기다리는 신부와도 같다. 겉모습의 화려함 속에 본래의 모습은 완전히 감추어져 보이지 않는다. 그렇게 치장을 하기 위해서 본래의 모습 위에는 막대한 돈이 들었던 것이다. 그러면서도 업자들은 그 치장에 들인 비용은 모두 옵션으로 생략하고 30평짜리 주택을 5천만 원이면 지을 수 있다고 장담한다. 하지만 구매자의 눈을 흐리게 만드는 것은 정작 옵션으로, 이것이 추가비용으로 더해질 때는 5천만 원은 1억 이상으로 올라가기도 한다.

실제로 P라는 사람은 자기 마음에 드는 모델을 골라 집을 지으려고 했더니 처음 예상했던 것보다 엄청난 부담이 가해졌기 때문에 결국 신축을 포기할 수밖에 없었다고 한다. 이 P씨처럼 자기 집을 모델하우스처럼 짓겠다는 생각은 잘못이다. 두꺼운 화장에 현혹되어서는 안 되는 것이다. 특히 고급가구나 장식품으로 한껏 분위기를 연출한다는 것을 생각하고 두꺼운 화장 밑의 맨얼굴을 볼 수 있는 눈을 길러야 할 것이다.

물론 회사 측에서는 타사보다 조금이라도 매력적으로 연출해서 고객을 끌어보겠다는 전략 때문이니 과다하다 싶을만큼 두꺼운 화장을 하게 됨은 어쩔 수 없다. 이런 문제만 잘 극복할 수 있다면 이 전시장을 둘러보는 것은 새로운 건자재나 첨단 설비를 볼 수 있다는 점에서 매우 교육적이다. 또 경쟁적인 설계 아이디어에서 내 집을 지을 때도 참고가 될 것이다.

다만 전시장에 간 것까지는 좋았지만 이에 대한 불안이나 불만을 갖는 사람도 있다. 전시장에서 요구하는대로 주소와 성명을 기록했더니 영업사원이 방문해 귀찮다고 하는 것이다. 그러나 영업사원이란 정보를 배달해주는 사람이다. 가령 세법이 바뀌었다, 자재비 상승에 따라 건축비가 오를 것이라는 등등의 따끈따끈한 최신 뉴스를 무료로 가져다 주는 것이다. 집을 짓고자 계획하는 사람에게 이런 고마운 일이 어디 있겠는가. 오히려 환영해야 할 것이다. 그 대신 자신이 건축을 의뢰할 회사를 이미 결정했는데 다른 회사의 영업사원이 찾아 왔다면 "우린 이미 B사로 정했습니다. 그동안 고마웠습니다"라고 반드시 전하여 앞으로의 방문을 거절하는 것이 예의다.

68
업자와도 궁합이 맞아야 한다

집을 새로 짓고 싶을 때는 대개 광고나 친분 있는 사람을 통해 적당한 건설회사나 건축사에게 의뢰하는 경우가 많다. 업자는 기다렸다는 듯이 온갖 친절로 응해 주지만 그 중에는 미끼가 걸려들었다고 내심 쾌재를 부르는 업자도 없지 않다. 물론 그런 업자를 만나고 싶은 사람은 하나도 없을 것이다. 그 사람이 나와 궁합이 맞는 좋은 업자인지 나쁜 업자인지 한눈에 알아보기란 쉽지 않은 일이다. 물론 궁합이 맞아야 한다고 해서 그 사람의 생년월일과 난 시를 알아 실제로 궁합을 맞춰보라는 뜻은 아니다.

어쨌든 건축주는 건축사나 건설회사를 방문하여 확실하게 면허를 취득한 곳인지 알아 보고, 혹시 남의 면허를 대신 빌린 곳은 아닌지, 짓고자 하는 건축물에 대한 실적을 얼마나 가진 곳인지 알아보는 것도 중요하다. 실적이 있는 곳은 신용도가 있다는 증명이나 마찬가지로, 집을 지은 후의 관리며 하자보수 문제에 있어서도 중요하다.

다음에 문제가 되는 것은 자기가 상담을 하는 실무자가 과연 믿을 만한 사람인가 하는 점이다. J라는 실무자는 전에 일하던 회사를 그만두고 T라는 회사에 계약사원이 되었다. 그러나 소속상으로는 분명히 T라는 회사의 사원이지만 T사의 일만 하지 않는다는 것이 밝혀지면서 회사에서 문제가 되었다. 그의 영업방법은 다음과 같다.

주로 주택전시장에서 장소를 빌려 영업을 하는데, 이곳에서 운좋게 고객을 만나 계약을 맺으면 수수료를 받고 회사로 인도해주는 것이다. 그런데 그가 속한 회사는 T사이니까 당연히 T사로 넘겨줘야 하는데, 실제로는 몇 군데 회사를 저울질해서 자기에게 높은 배당금을 주는 곳을 택하는 것이다. 구매자도 식견이 있는데 어떻게 이런 계약이 가능하겠냐고 의아해 하는 사람도 있겠지만 정해진 패턴만 시공하는 게 아니라 자유설계가 상품이 되는 곳에서는 있는 것이다.

이런 영업사원들은 극히 일부에 지나지 않겠지만 두려운 것은 이들 영업사원이 받는 수수료는 고스란히 건축주가 물게 된다는 사실이다. 예를 들어 영업사원과 상담할 때 평당 150만원이라는 싼 가격으로 계약을 맺은 것은 만족할만한 일인지도 모르지만, 이 영업사원에게 일을 넘겨 받은 업체쪽에서는 평당 150만원의 조건에 맞게 집을 지어주지는 못한다. 만약 영업사원에게 5%라는 수수료를 주기로 했다면 평당 142만 5천 원으로 줄어야 하고, 자사의 이익도 생각해야 하기 때문에 실제로 평당 얼마짜리 집을 지어주게 될지는 아무도 장담할 수 없는 일이 된다.

또한 주택은 짓는 것만이 문제가 아니라 사후 관리면에서 장기적인 책임까지 져야 하는데, 이와 같이 소속이 불분명한 영업사원을 만나면 두고두고 말썽의 소지가 될 우려가 있다. 영업사원에게 몇 번이고 당부한 내용이 현장에서 일하는 사람들에게는 씨도 먹히지 않는 일도 많다. 영업사원이란 사람을 설득하는 말 수단에 있어서는 내로라 하는 사람들이다. 함부로 의심하라고 하기는 뭣하지만 함부로 신용하지 말고 주의해야 할 것이다.

이처럼 계약사원 같은 시스템으로 일하는 사람은 현장감독들 중에도 있다. 건축업도 성수기와 비수기가 있는 만큼 일이 있을 때만 인건비를 들이는 방법으로 어렵게 회사를 끌어나가는 곳이 많기 때문이다. 아무리 만족스럽고 훌륭하게 설계되었다 하더라도 시공이 미숙해서는 좋은 집이 만들어지지 않는다.

그런데 계약사원이라면 과연 믿고 맡겨도 좋을 만큼 일에 익숙하고 경험이 풍부한 사람인지 파악하기가 어렵다는 점에서 주의해야 한다. 물론 계약사원이 반드시 나쁘다는 것은 아니다. 다만 종신고용일 때가 상품의 질을 책임지고 보증해 줄 것 같아 안심감을 들게 한다. 운트이는 좋은 집을 갖고 싶다면 시작부터 끝까지 함께 할 수 있는, 궁합이 잘 맞는 업자를 만나야 하는 것이 가장 중요하다.

69
서두르는 업자는 조심해라

오랫동안 소망했던 집을 지을 때는 자연히 자신의 이상형에 대한 주문을 자꾸 하기 마련이다. 그럴 때 업자는 어떻게 나올까? 행여나 건축주의 비위를 거스를까봐 그대로 받아들이는 사람도 있다. 그러나 무조건 받아들이는 사람은 전문가로서 긍지가 없는 일이다. "현관이 넓어야 집이 번듯해 보이니 무조건 현관을 넓게 해주세요" 하고 요구하면 방을 좁혀 가면서 현관을 넓히고, 방을 크게 해달라는 요구대로 고치다보니 거실이 좁아져 전체적으로 답답해졌다면 책임은 건축주가 아닌 설계자에게 있는 것이다.

아무리 건축주가 강하게 요구해도 전문가 의식이 확고하다면 그 요구대로 할 경우의 역효과를 조모조목 들어서 납득시켜야 할 것이다. 건축주는 단지 취향을 살리고 싶어하는 것 뿐이고, 다른 공간이 받게 될 영향, 구조적인 변경에 따른 동선의 변화, 배관문제 등에 대해서는 전문가가 더 잘 알기 때문이다. 따라서 건축주도 좋은 집을 지으려면 무리한 요구는 하지 말아야 하고, 이런 요구를 순순히 받아들이는 건축업자가 있으면 오히려 경계해야 한다. 이런 사람들은 대개 자신은 요구대로 한 것이니 책임이 없고, 집만 지어주면 그뿐이라고 생각한다.

그리고 집을 지을 때 애프터서비스 같은 것은 생각지도 않는 경우가 많다. 이런 업자들이 공사만 따려고 상투적으로 하는 말이 있다. "지금 하시면 돈버는 겁니다. 지금이라면 이러저러한 서비스도 있어 이익이지만, 엊그제 경제신문 보셨습니까? 다음달부터는 그런 혜택도 드릴 수 없고, 자재비가 많이 올라 평당 단가가 무려 30% 이상 올라갑니다", "지금 요구하시는 대로라면 이번에 개정된 법안의 규제를 받습니다. 다행히 개정법안이 효력을 발생하기까지는 아직 두 달의 여유가 있으니 공사를 서둘러 시기를 놓치지 말아야 합니다."

이상하게도 이런 말들은 건축주의 마음을 약하게 만든다. 그래서 더 깊게 생각해 볼 겨를도 없이 오케이 사인을 내리는 경우가 많다. 그러나 한번 결정하면 불만이 있어도 고치기 어려운 것이 집이라는 것을 생각하고, 좀더 시간을 갖고 신중하게 결정해야 한다. 결정은 쉽지만 결과는 많은 문제를 가져올 수도 있기 때문이다.

예를 들어 택지조건부터 다시 한번 생각해 보자. 기본계획(신축계획) 설계시에는 여름이라서 그때의 일조량으로는 집을 짓기에 아주

적합한 곳이라고 생각했는데 겨울에는 전혀 해가 들지 않는다거나, 건조할 때는 몰랐는데 비가 오면 물빠짐이 아주 나쁘고, 여름이면 주변에서 심한 악취가 풍겨오는 곳이라면 어떻게 할 것인가. 이런 것들은 사계절 내내 잘 관찰하지 않으면 알 수 없는 일이다. 특히 건축물은 규모와 용도에 따라 기능이나 강도 · 내구성 · 심미성 · 쾌적성 · 안전성 등을, 또 건축물의 설계에 따라 구조 · 설비 · 디자인 등을 하나하나 배려해서 설계하지 않으면 안 된다. 무턱대고 서두르면 어딘가 문제가 생길 수밖에 없다.

공사현장을 보면 알 수 있지만 최근의 건물은 벽과 천장, 마루로 설비 배선배관이 종횡무진으로 달리는데 전기선이 한 데 모여 있는 곳은 완전히 스파게티 뭉치처럼 되어 있다. 설비 배선배관은 겉으로 드러나지 않기 때문에 어떻게 처리되든 무시하는 경향이 있는데, 이런 것들에 이르기까지 잘 타협해두지 않으면 설치장소나 배관장소 문제로 갈등이 생기게 된다.

설계 전에 생활플랜을 짜서 구조, 설비, 디자인이 체계적으로 이루어지도록 하는 것이 중요하다. 처음 설계단계에서 확실하게 하지 않고 대충대충 넘기다가 나중에 미흡한 부분이 발견되어 그때 이것저것 주문하면 주문 건수마다 추가비용이 청구되어 견적보다 엄청나게 규모가 커지는 공사가 되기 쉬우니까 말이다.

70
세트로 사는 것은 비싸다

주택전시장에 등장한 모델하우스나 광고용 인쇄물에 실린 집은 매우 근사하다. 각종 전문가의 손길로 최대한 디자인되었으니 누가 보더라도 구미가 당길 수밖에 없다. "그래, 바로 이것이야! 이게 내가 꿈꾼 집이야!" 하고 자기도 모르게 감탄사를 연발하게 된다. 대리석 카운터에 샤워 욕조, 많은 것을 수납할 수 있는 붙박이장, 조명기구가 붙은 화려한 화장대에다 화장실에는 발코니까지 딸려 있다.

그런데 이 모든 것을 세트로 주문한다면 천만 원쯤은 우습게 넘어가 버리고 만다. 예를 들어 거울 하나만 해도 최고와 최저의 가격차이가 몇배씩이나 되는 것도 있다. 하물며 수입품이라면 웬만한 가구의 가격과 맞먹는 것도 있다. 가구에 있어서 최근의 상품 경향은 낱낱의 부품을 조합하면 하나의 통일감을 느낄 수 있도록 시스템화하고 있다. 따라서 욕실이나 부엌을 꾸미고자 할 때는 이미 세트로 만들어져 있는 모델 속에서 고를 것이 아니라 욕조나 샤워부스·세면대·거울·싱크대·수납장 하나하나를 건축주의 기호에 따라 고르는 것이 훨씬 적게 든다.

각각의 부품을 선택하는 것은 건축주인데 선택하는 종류나 항목이 많다보면 귀찮아하는 사람이 많기 때문에 보통은 판매하는 쪽에서 적당한 것을 조합해 세트로 만들어 놓기 마련이다. 건축주는 모델 중에서 마음에 드는 것을 고르기만 하면 되니까 매우 편리하다는 메리트가 있다.

그러나 이럴 경우 소비자를 우선으로 생각하는 회사는 드물다. 그들이 우선으로 생각하는 것은 당연히 이익이므로 보기에 고급스러워 소비자의 눈길을 끌 수 있을 만한 호화로운 것을 설정한다. 이 과정에서 멋지고 근사해 보이도록 이것저것 세트 속에 끼워넣는데, 세트를 구매한 소비자는 실생활에서는 잘 사용하지 않는 기능까지 주문한 셈이 되고 만다.

그러므로 가구를 고를 때는 냉정해야 한다. 카탈로그에 실린 이미지 사진에 현혹되어 옆에 쓰인 가격만을 대충 훑어보고, '모두 비슷비슷하게 이 정도 값이겠지' 하고 단순하게 생각하면 안 된다. 재료나 색깔, 모양은 조금 다를지 몰라도 가격에 차이가 있다고 기능까지 차이나지는 않는다. 비용을 엄격하게 비교해 보고, 기능적으로도 그것이 과연 자기 집에 필요한 것인지를 생각해 본 후에 정말 필요한 것만을 골라 주문하는 것이 훨씬 경제적이다. 이렇게 현실적으로 택했을 때 결과적으로도 만족스럽고 애착이 가는 가구가 된다.

누구한테나 자랑할 수 있는 멋진 집을 꾸미고 싶어 하는 기분이야 이해하지만 잡지에 실릴 만큼 근사하게 치장되었다고 운이 트이는 좋은 집이 만들어지는 것은 아니다. 보다 알뜰하게 경제적이면서 운이 트이는 좋은 집이란 계획성 있는 사고 속에서 만들어진다. 세트로 되어 있다고 모든 것이 다 필요한 것은 아니라는 생각을 갖고, 자기 집에서 정말로 필요한 것이 무엇인지를 예산에 맞게 구입하는 현안을 가져야 하겠다.

71
이런 택지는 조심해라

사람들은 저마다 가치관이나 습관의 차이가 있다. 게다가 누구나 이기적인 면이 있기 때문에 여차할 때는 자기 형편에 좋도록 사물을 판단하는 것이 보통이다. 이런 사람들이 모여 사회를 이루는 것이므로, 어느 개인에게만 치우치지 않고 모든 사람이 공평하게 살아가기 위해서는 건축 도시계획법에 따른 의무나 금지사항 같은 여러 가지 제약도 필요하다.

이런 제약과 규제는 건축에도 해당한다. 건축공사시 빚어질 수 있는 갖가지 문제를 방지하기 위해서 건축법이 있고, 이에 따라 건폐율이나 용적율, 일조권, 도로사선 제한, 도로폭, 높이 제한 등에 대한 법규가 있다.

그 한 가지 예로, 건물을 짓고자 할 경우 그 부지는 4m 이상의 도로에 접해 있지 않으면 안 된다고 정해져 있다. 그런데 만약 4m 미만인 경우는 어떻게 될까? 이런 경우에는 도로의 중심선에서 양 옆으로 2m 선을 유지할 수 있도록 건물을 들여 지어 4m의 도로폭을 확보해야 한다. 즉 자기 땅의 얼마를 도로로 내놓아야 한다는 계산인데, 그렇게 하지 않으면 건축허가가 나지 않는다.

만약 낡은 건물을 사서 헐고 다시 지으려는 계획이라면 이 도로에 대해서도 면밀하게 검토해 보아야 한다. 건물이 정면을 향해서는 길고 옆폭은 좁은 것을 싸게 산 것은 좋지만, 만약 이 4m 도로를 확보하지 않은 상태이면 얼마간 더 안쪽으로 들여 지어야 하니, 건물은 한층 더 폭이 좁아진다. 경우에 따라서는 건물을 신축할 수 없는 쓸모없는 땅이 될 가능성도 있다.

주거환경의 향상은 지역 전체의 발전과 더불어 있는 것이다. 자신의 금쪽 같은 땅이라도 지역발전을 위해서는 아낌없이 내놓을 수 있는 마음을 가져야겠지만, 멋모르고 샀다가 뜻하지 않은 손실을 입으면 어쩔 수 없이 결과에 승복할 지는 몰라도 적잖은 충격이 될 것이다. '의무를 이행하며 권리를 주장한다'는 것은 국민으로서 당연히 지켜야 할 준칙이지만, 순진하고 어리숙한 사람만이 손해를 보는 꼴을 면하기 위해서도 살필 것은 살피고 확인할 것은 철저히 확인하는 버릇을 길러야 하겠다.

72
주변환경도 잘 따져봐야 한다

　다시 말하지만 단독주택은 도로가 항상 많은 문제를 일으킨다. 전면 도로가 4m 미만인 경우, 그곳에 있는 집을 헐고 다시 지으려면 자신의 땅을 도로로 제공하지 않는 한 건축할 수가 없다. 그만큼 자기 땅이 좁아지게 된다는 것을 잊지말아야 한다. 특히 헌집이나 이미 시공된 집은 훗날 다시 집을 짓겠다는 의도로 사는 경우가 많다. 그런데 비단 도로만이 아니라 건물 용도나 규모에 따라서는 좀더 엄격한 규정이 있을 수 있으니 주의해야 한다.

　이밖에 조용한 주택지라고만 생각하고 집을 샀는데 나중에 공장지대로 묶여 있다는 것을 안다면 이런 낭패도 없을 것이다. 땅의 용도 설정이 변경되어 있을 경우다. 또 건폐율이나 용적율의 비율이 변경된 경우도 마찬가지다. 게다가 도시계획에 의해 새로운 도로가 개설

될 예정이어서 자기 땅이 도로로 거의 들어간다면 이 또한 자신의 계획과는 크게 틀어지는 일이 될 것이다. 그렇지 않더라도 그런 지역에서 신축할 때는 도시계획에 대한 사전협의와 절차가 복잡해진다. 토지구획 정리사업이 행해질 예정인 지역이나 풍치지구도 마찬가지다. 이와 같은 것은 개인의 재산권에 대한 제한이기 때문에 사업상 현저한 장해를 일으키지 않는다는 판단이 섰을 때는 일정한 조건하에서 건축허가가 나온다.

아무튼 꿈에 부풀어 집이나 땅을 샀는데 까다로운 법규 때문에 계획을 바꾸거나 포기해야 한다면 이처럼 실망스럽고 답답한 일이 없을 것이다. 혹은 조용한 주택가에 집을 마련하겠다는 의도였는데, 갑자기 주변에 근린생활시설이나 공장이 들어선다면 결코 거주하기에 좋은 환경이라고 할 수 없다. 이와 같이 자기 땅이 주거하기에 안전한 구역 내에 있는가, 주변에 환경을 해칠 오염원은 없는가 등을 꼼꼼히 살펴 후회하는 일이 없도록 해야 한다.

73
왜 남향집에 얽매이나

광열비를 비롯하여 에너지 고가시대에 돌입했다. 수입은 늘지 않는데 물가는 자꾸 오르는 지라 각 가정마다 비상사태를 선언하고, 최대한 긴축작전을 펴나가는 작금이다. 이런 때일수록 비싼 연료비를 줄일 수 있는 에너지 절약 지향의 주택이 인기를 끈다. 연료비도 연료비지만 얼마 전부터 환경문제에 대한 사회적 관심은 '지속친화적 환경을 위한 주택'을 만들자는 제안까지 내놓았고, 태양에너지 등 환경에 무해한 에너지가 주목을 끌고 있다.

즉 태양열을 이용한 냉난방 · 급탕시설이 가정에서도 상당히 추진되고 있다. 지붕 · 베란다 · 옥상 · 정원 등 햇빛을 받을 수 있는 곳이라면 어디든지 간편하게 설치할 수 있는 태양열 집열 시스템. 태양열을 사용하기 때문에 연료비를 많이 절감할 수 있을 뿐만 아니라 공해를 일으킬 우려가 없어 최근 부쩍 인기를 끈다. 기존 주택도 설치가 가능하지만 신축 시점에서부터 태양열 주택을 계획하면 미관상으로도 멋진 집을 가질 수 있을 것이다.

그러나 태양열 주택을 계획할 때 에너지 자체가 태양열을 이용해야 하기 때문에 위치적으로 하루 일조량을 얼마나 받을 수 있는가가 문제가 된다. 따라서 사방이 높은 건물로 둘러싸여 일조량이 매우 약한 곳이라면 적합하지 않다. 군이 태양열 주택을 위해서가 아니더라도 살고 있는 집에 햇볕이 잘 드는가, 그렇지 않은가는 겨울 난방비에 큰 차이가 있다. 따라서 우리 선조들은 예로부터 남향집을 지어 최대한 햇빛을 많이 받아들이기 위해 노력했다. 이것은 집은 남향이어야 한다는 상식을 낳았고, 가상(家相)에서도 좋은 집은 남향이어야 한다는 원칙을 세웠다.

한데 이 점에 대해 다른 나라에서는 어떻게 생각할까? 실은 집의 방향에 큰 관심을 보이는 나라는 그리 많지 않다. 미국의 서해안에 위치한 캘리포니아 같은 곳에서는 동서남북이라는 방향에 얽매이는 사람은 없다. 기후가 온난하기 때문에 어느 쪽이 남쪽이고 어느 쪽이 북쪽인지 별로 중요하게 여기지 않는 것이다. 따라서 사는 사람이나 집을 짓는 업자나 방향을 놓고 거론하지 않는다. "남쪽이 어디죠?"라고 누군가 방향을 묻는다면 이상하게 바라보기 마련이다. 이곳에서는 오히려 햇볕이 너무 잘 드는 곳은 가구나 카펫 등을 손상시킬 우려가 많다고 해서 기피할 정도다.

그러나 우리는 풍수나 지리적 조건으로도 그렇지 않다. 겨울에는 아침해가 잘 들지 않아 웬만한 난방에도 따뜻해지지 않는 서향집보다는 아침햇살이 잘 들어 약간만 난방을 해도 20도 정도의 실내 온도를 유지할 수 있는 남향집이 연료비를 많이 절감할 수 있기 때문이다. 다만, 아무리 해가 잘 드는 곳이 좋다고 해도 여름철의 태양은 아침이든 저녁이든 견디기 힘들다. 이렇다면 또 냉방비가 올라간다.

그러므로 겨울에는 아침해가 잘 들게, 여름의 아침해는 차단할 수 있는 설계라면 이상적이라고 할 수 있다. 태양의 움직임을 잘 보면 여름과 겨울의 궤도가 크게 바뀌는 것을 알 수 있다. 여름의 태양은 북쪽으로 많이 기운 각도에서 떠서 북쪽으로 기운 각도로 진다. 그러나 겨울의 태양은 남쪽으로 기울게 떠서 남쪽으로 기울게 진다. 따라서 남쪽을 개방하면 겨울은 따뜻하고, 여름에는 시원하다. 게다가 여름에는 태양이 바로 머리 위로 지나가기 때문에 차단할 수 있고, 반대로 겨울에는 낮은 위치로 지나가기 때문에 비록 차양이 있어도 방을 구석구석 비쳐준다. 이야말로 천혜의 에너지 절약형 주택, 환경 주택의 실현이다.

태양은 사람을 활력 있고 의욕 있게 만드는 기의 원천이다. 햇볕이 인체내에서 비타민D를 생성하여 어린이의 골격이나 치아를 형성하는데 중요한 역할을 한다는 것은 모두가 아는 사실이다. 언제고 태양을 가까이 하면 생명의 원동력까지도 길러진다는 것을 잊지 말자.

74
균열은 보이지 않는 곳에서 시작된다

외국에서는 한국인에게 집을 빌려주는 것을 그리 달가워 하지 않는다고 한다. 인종차별이 심해서가 아니다. 물론 그런 사람도 있겠지만 그보다는 한국인은 집을 관리하는 문제에서는 거의 제로에 가깝다는 것이다. 빌려 사는 집을 때가 되면 칠을 하고 정원을 손질하는 일은 거의 없다고 한다. 자신이 생활하는 집을 남의 집이라고 해서 방치한다면 얼마나 무심한 일인가.

건물의 내구력은 건축할 때 서까래나 대들보의 단면, 벽 같은 것을 통해 충분히 계산된다. 그러나 이와 같은 안전기준을 철저하게 지켜서 지은 집이라도 수명대로 가는 것은 아니다. 사람이 수명대로 살지 못하고 병드는 것처럼 집도 병이 든다. 즉 오랜 세월을 지나는 동안에 토대가 썩거나, 흰개미가 기둥을 갉아먹거나 건물의 기초인 철근이 부식하기라도 하면 내구력은 당연히 떨어진다. 더군다나 이와 같은 문제는 보이지 않는 데서부터 시작하여 건물의 균열로 발전한다. 이와 같은 일을 방지하려면 평소에 건물의 정기적인 건강진단을 해두는 것이 필요하다. 그렇게 해서 불안하거나 결점이 발견되는 부분은 보수와 보강을 하는 것이 중요하다. 이렇게 정기적인 안전진단을 하면 미처 발견하지 못하고 신경쓰지 못했던 부분의 파손이나 노후화, 그리고 부식을 발견할 수 있다.

새 건물이라고 언제까지나 안심하면 안 된다. 지은 다음부터는 철저하게 관리해야 튼튼한 모습을 오래 유지한다. 중고 주택을 살 때도 관리가 잘 된 집인지 꼼꼼히 살펴보고 산다면 수리에 드는 비용을 많이 절감할 수 있다. 가까운 시일 내에 신축할 계획이 없는 사람은 다만 건축된 지 몇 년이 되었다는 것만 듣고 그 정도면 되겠지 하고 안심하는 경향이 있는데 이것은 잘못된 생각이다.

관리가 전혀 안 된 집은 언제 징후를 나타낼 지 모른다. 중고 주택은 으레 수리한 후 들어가야 하는 것이라고 생각하는 사람도 있지만 수리도 그리 쉬운 일은 아니다. 막대한 비용이 든다는 것을 알아야 한다. 또 수리와 보수·보강을 해도 현행법규를 이행하는 선에서 하지 않으면 문제가 발생한다는 것도 잊지 말고, 될 수 있으면 관리가 잘 된 집을 사는 것이 좋다.

6장. 좋은 집은 여기가 다르다

비슷비슷한 것 같아도

집은 실로 다양한 얼굴을 갖고 있다.

자세하게 들여다 볼수록

하나하나의 손길에 정성이 깃든

정말로 좋은 집이 어딘가에는 있다.

운트이는 집, 어떻게 알아볼 수 있을까?

75
계단은 집의 생명이다

2층이나 3층집이 일반화된 현대주택에서 계단은 아래층과 위층을 연결하는 유일한 종적동선으로 매우 중요한 역할을 한다. 방 배치를 생각할 때 계단이 어디에 있는가에 따라 주거 전체의 동선에는 큰 영향을 미친다.

영화나 텔레비전에 나오는 서양 주택을 생각해 거실 전면에서 위로 올라가는 넓은 계단을 꿈꾸는 사람들이 있는데, 실내가 좁은 집에서는 어렵다. 계단 올라가는 자리가 1층의 어디에서 시작해 2층 어디로 올라가는가에 따라 복도가 쓸데없이 길어져 어린이방을 만들 수가 없거나 사생활을 확보할 수 없는 둥 여러 가지 문제가 일어난다. 계단의 위치를 잡는 방법은 여러 가지다. 방이 배치되어 있는 한 가운데로 잡거나, 주거계획의 제일 끝에 잡는 방법이 있는데, 거실이나 식당, 개인방의 면적을 확보하는데 문제가 되지 않고, 상하층을 긴밀히 연결할 수 있는 위치를 찾는 것이 좋다.

계단의 형태는 일직선인 I자형, U자형, 꺾여올라가는 L자형, 나선형인 O자형으로 나눌 수 있는데, 대개 각 층당 3.3평방미터 정도가 필요하다. 위층으로 큰 가구 등을 옮길 것을 생각하면 I자형이 가장 안전하다고 할 수 있다. 그러나 이 타입은 아래층에서 위층의 계단을 놓는 위치가 달라지기 때문에 계단 주위의 동선공간이 길어진다. 방의 배치를 콤팩트하게 통합하려면 U자형이 적합하다. 좁은 집에서는 거실이나 주방에서 이어지도록 만들고, 의자 대신으로 삼거나 책장을 겸하는 방법도 있다.

계단 밑 공간에 수납공간을 만드는 일이 많다. 그러나 이 공간은 네모반듯한 공간이 아니라 삼각형이기 때문에 쉬운 일이 아니다. 수납할 물건을 한정해 놓고 곁에서 보았을 때 어수선한 느낌이 들지 않도록 미관을 배려해야 한다. 예전에는 계단 밑 공간을 활용하는 것을 신축 단계에서는 전혀 생각하지 않았다. 살다보니 쓸모없이 자리를 차지하는 공간을 어떻게 이용해 보자는 생각이 들어 손대게 되는 작업이다.

그러나 요즘같이 땅값이 비싼 현실에서는 작은 면적의 땅에 만족도가 높은 집을 짓기 위해서는 작은 공간의 활용이 매우 중요하다. 설계 당시부터 공간을 활용한 수납공간을 설정해 두고 공사에 임하면 공사를 완료한 후 설치하는 것보다 가격면으로나 공사면에서 훨씬 유리하다. 특히 계단 밑은 냉암소(冷暗所)에 두어야 할 물건의 보관장소로 가장 적당하다. 또 계단이 있는 장소는 동선의 요지가 되므로 집 안에서 사용하는 청소도구를 두는 것도 좋다.

계단을 만드는 위치로 가장 많이 사용하는 것은 현관이다. 영화 '바람과 함께 사라지다'를 보면 여주인공인 스칼렛이 폭넓은 치마를 들어올리면서 건물 중심에 있는 커다란 계단을 내려오는 장면이 있다. 이런 형태의 계단은 미국 남부 저택들의 가장 전형적인 형태이지만, 좁은 우리 주택 사정에서는 현관 입구에 손님이 와 있으면 계단을 사용할 수 없거나 욕실이 1층에 있고 침실이 2층에 위치할 때는 매우 불편할 수 있다.

비교적 넓은 집은 어린이나 가족 중 아무도 고립되지 않고 자연스런 커뮤니케이션을 유지하려면 가족이 모여 있는 거실을 중심으로 계단을 만드는 것이 좋다. 그러나 집의 중앙이나 마찬가지인 이 거실에 계단을 만들면 난방효율이 떨어지거나 냄새나 소음이 잘 퍼지거나 간섭이 심해진다는 의견도 있다.

그러나 한편으로는 소음도 냄새도 커뮤니케이션 기능의 하나로 생각할 수 있다. 계단 부분의 공간은 상하를 연결하는 곳이니 이 특징을 잘 살려 개인방의 프라이버시를 보호하면서도 자연스런 커뮤니케이션을 유지할 수 있도록 하는 것이다. 계단을 축으로 가정의 단절감을 해소해 보는 것도 좋다.

76
벼락치기 공사는 위험 요소가 많다

"우린 4월 10일이면 무조건 집을 비워줘야 해요. 그러니 그때까지는 무슨 일이 있어도 공사를 마쳐주세요" 하고 공사를 재촉하는 사람이 있다. 보통 두 달이 걸릴 것을 40일 만에 끝내거나, 석 달이 걸릴 것을 두 달에 끝내는 것을 벼락치기 공사라고 한다. 이와 같은 일은 아무래도 여러 가지 면에서 무리를 빚게 마련이다.

예를 들어 공사를 빨리 마치려면 작업인원을 늘릴 수밖에 없다. 그리고 날마다 연장작업을 해야 할 때는 작업원들을 현장에서 묵게 하는 경우도 생긴다. 그러면 정상작업 때보다 임금을 더 많이 주어야 하는 것은 당연하다. 그렇지 않으면 불만을 품은 인부들 사이에서 언제 어떤 말썽이 생길지 모른다.

특히 어느 회사에서나 마찬가지지만 연장근무할 때의 임금은 정상

작업 때보다 높이 책정되는 데다, 식사비에 숙박비까지 포함해야 하므로 건축비가 많이 올라간다. 게다가 제일 안타까운 점은 이처럼 많은 돈을 들이고도 허술한 공사가 되기 쉽다는 것이다. 빠른 시간에 마치려고 공사를 서두르면 아무래도 이것저것 꼼꼼하게 손볼 여유가 없다. 비가 와서 자재가 젖기라도 하면 충분히 말려 사용해야 탈이 없는데 그럴만한 시간이 없고, 그러다보니 무리한 공사로 결국 부실공사가 되고 만다. 입주하자마자 벽에 금이 간다거나 지반이 내려앉는다거나 지하실에 물이 샌다거나 벽에 습기가 찬다면 이런 낭패가 또 어디 있겠는가!

사람이 평생을 사는 동안 집을 짓는 일은 여러 번 있는 일이 아니다. 건축업이 직업이 아닌 다음에는 고작해야 한 두번에 불과하다. 그런데 몇 년을 벼르고 별러 지은 집이 부실공사가 된다면 자신의 수명이 단축되는 듯한 고통을 느끼게 될 것이다.

이와 같은 일을 피하려면 공사기일은 넉넉하게 잡는 것이 좋다. 먼저 자기가 이사하기에 유리한 날짜를 설정하고, 그날 입주하기 위해서는 언제부터 공사를 시작하면 좋은지 거꾸로 계산해 나가는 것이다. 이렇게 계획적으로 공사를 진행하면 벼락치기 공사가 될 염려는 없다. 게다가 저렴한 비용으로 좋은 집을 지을 수도 있을 것이다.

그런데 사람의 일이란 모르는 것이라 위와 같이 이사할 날짜에 맞춰 넉넉하게 시간을 잡아 공사를 시작하긴 했는데, 뜻하지 않은 사고를 만나는 경우도 있다. 악천후로 공사를 지연해야 하는 어쩔 수 없는 일도 있을 수 있다. 이럴 때는 무턱대고 공사만 재촉할 것이 아니라 공사가 진행되는 속도에 맞춰 이사계획을 변경하는 것이 좋다.

77
지붕은 단조로울수록 좋다

교외에 나가보면 아름다운 집들이 많이 보인다. 특히 전원주택이 많은 곳에서는 목조·벽돌·조립식 주택 할 것 없이 멋진 지붕이 많다. 건축의 아름다움은 지붕과 창문에 있다던가. 그러나 아무리 미관이 중요해도 지붕은 단순한 것이 공사비도 적게 들고 누수염려도 없다. 마치 무슨 성처럼 뾰죽뾰죽하고 복잡한 지붕들은 보기에는 좋을지 모르지만 공사비도 많이 드는 데다 문제가 많다는 것을 잊지 말도록.

예를 들어 산과 산 사이에는 계곡이 생기는 것과 마찬가지로 뾰죽한 지붕과 지붕의 경사면을 타고 좌우에서 흘러내려 온 지붕의 접점에는 반드시 계곡이 생긴다. 비는 자연히 경사면을 타고 흘러 이 계곡에 모여 떨어지므로 언젠가는 그곳에 침투해 천장을 썩게 할 정도의 누수의 원인이 되기도 한다.

따라서 까다로운 시공과 방수처리에 따른 많은 수고가 들어야 하기 때문에 당연히 공사단가는 올라간다. 그러므로 이러한 문제를 만들지 않으려면 지붕은 가능하면 복잡하지 않은 것이 좋다. 다만 너무 단조로운 것이 싫다면 한 차례 낙차를 둘 수 있는 지붕을 만든다면 보완할 수 있을 것이다. 물론 최근의 시공기술은 나날이 발전하여 누수 염려가 전혀 없다고 강조하는 회사가 많지만, 역시 경제적으로라도 단순한 지붕이 좋지 않을까.

또 지붕은 가능하면 가벼운 것이 좋다는 연구도 있다. 얼마전 일본 고베에서 지진이 있었을 때 증명된 일이지만, 같은 지역에서도 무거운 지붕일수록 피해가 컸다고 한다. 지진은 건물의 가로방향으로 작용한다고 한다. 그런데 이 가로방향의 힘의 크기는 진도가 같을 경우에는 무거운 건물일수록 크게 영향을 미치는 것이다. 따라서 가로방향으로 작용하는 힘에 저항하여 균형을 유지하기 위해서는 건물벽은 두껍고 지붕은 가벼워야 한다는 계산이 나온다.

예전에는 슬래브나 금속 등 지붕재라는 것이 뻔했지만, 최근에는 지붕재로 인기를 끄는 것이 여러 가지가 있다. 가벼우면서도 표면에 특수처리가 된 금속 지붕재의 개발도 그중 하나다. 이런 것들은 자외선도 차단하면서 장식적이고, 디자인에 따라 자유롭게 시공할 수 있어 현대감각이 뛰어난 지붕재로 각광받고 있다.

78
짧은 동선은 주부를 편하게 만든다

집의 평면계획을 세울 때 동선과 구역 계획으로 나눈다. 동선은 사람이 움직이는 거리를 말한다. 예를 들어 식사를 한다, 잠을 잔다, 화장실에 간다, 세탁실에 간다, 다용도실에 간다, 서재에 간다 등 여러 가지 동선이 있다. 일반적으로는 좋은 집의 평면동선일수록 짧고 (특히 빈도가 높은 것일수록 짧아야 한다) 단순해야 하며, 거실을 통과하는 동선은 그 방의 기능이 갖는 작업의 형태나 생활행동을 방해하지 않는(교차하지 않아야 한다) 것이 이상적이다.

또 이러한 동선 외에 사용장소와 수납장소라는 동선도 있다. 그 중에서도 능률이나 효율을 우선으로 생각해야 하는 것이 집안에서 가장 중요한 가사의 동선이다. 예를 들어 아침에 일어나 두 시간 동안 주부를 따라가 보자. 식사준비를 하면서 세탁기를 돌리려고 주방과 다용도실 사이를 오고간다. 밥상을 차리려고 부엌과 식탁 사이를 왕래한다. 식사가 끝나 설거지를 마친 다음에는 세탁물을 꺼내 베란다 건조대에 넌다. 그 사이사이에 몸단장과 집안 청소를 하며 아이들을 챙겨 학교에 보낸다.

이렇게 침실·주방·다용도실·부엌·베란다·침실·다용도실·현관으로 바쁘게 돌아가는 주부의 동선은 실로 복잡하기 짝이 없다. 그런데 이 동선이 1층과 2층으로 나뉘거나, 건물의 끝과 끝에 있으면 어떻게 될까. 그렇지 않아도 바쁜 일과에 쫓기는 주부의 부담을 덜어주기 위해서는 동선의 빈도와 거리를 분석해 효율적이고 쾌적하게 배치해야 한다. 살기좋은 집이란 가족의 생활습관을 잘 분석해 짜임새 있게 계획을 세워야 하는 것이다.

한편 구역계획은 그 방이나 공간의 기능을 파악해 같은 기능끼리 모아 그 그룹에게 바람직한 생활환경이나 조건을 만족시킬 수 있는 위치에 배치해야 한다. 가령 어른들의 상용구역과 어린이의 상용구역, 거실이나 식당 등 가족의 공용구역, 그리고 침실이나 어린이방 등 사생활 구역 등 나누는 방법은 여러 가지인데 동선계획과 대립하면 안 된다. 가족의 사생활 동선과 손님이 왔을 때의 동선 등, 성격이 다른 동선끼리 부딪치는 일이 없게 잘 배치해 주부의 피로를 덜어 줄 수 있는 구조를 생각하자.

79
가구도 길이 있어야 한다

    고층아파트에서는 피아노나 큰 가구를 옮길 때 곤돌라를 이용하는 것이 보통이다. 그러나 일반주택은 어떤가. 요즘의 도시형 주택에서는 1층에 프라이버시 공간을 확보하려고 창을 유난히 작게 만드는 경향이 있다. 창이 커야 현대적인 주택답고 실내를 밝게 사용할 수 있다는 것은 알지만, 이웃에 높은 건물이 있을 때 안이 들여다 보이지 않게 하려는 의도다. 그런데 문제는 대형냉장고나 가구 같은 것을 들여놓을 때 생긴다. 창문으로는 도저히 안 되고, 현관으로도 들여올 수가 없다. 또는 실내까지는 들어왔는데, 2층으로 올릴 수가 없다. L자형으로 꺾인 계단참에서 한참을 애쓰지만 더는 올라갈 수가 없어 포기하고 엉뚱한 곳에 놓아 우스운 꼴이 되고 만다.

    피아노를 어린이방에 놓을 생각이었는데 거실에 두었다는 집도 있다. 입구도 좁고 창문도 작아 도저히 들여놓을 수가 없다는 것이다. 방에는 둘 장소가 있지만 가구가 지나갈 통로가 없다. 웃지 못할 이런 예는 얼마든지 있다. 평면계획 단계에서는 뭐든지 들어갈 수 있게 설계했지만 나중에 완성했을 때 너비가 달라지는 수도 있다. 특히 중간에 설계변경을 했을 경우 이와 같은 난처한 일이 일어나기 쉽다. 대형가구를 설치할 장소를 미리 정해두고, 그것을 그 자리까지 운반하는데 이상이 없도록 검토해야 한다.

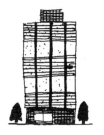

80
좋은 집, 삼자연대 플레이로

건축설계는 크게 나누어 계획설계(건축물의 내외 디자인), 구조, 설비 및 전기라는 전문 분야다. 결론부터 말하면 이 삼자의 연대 계획 설계가 잘 이루어져야만 좋은 집이 된다. 그러나 말은 쉬워도 실천하기는 쉽지 않다. 구조·설비·디자인 중 어느 하나에 편중되지 않도록 고루 배려해 집을 짓는 일은 매우 드물다. 밝고 시원한 느낌을 준다는 것만으로 코너창을 고집하는 사람, 내부 동선을 짧게 하고 싶은 나머지 무리한 구조를 요구하는 사람, 방을 넓히고 싶은 생각에 설비공간 따위는 아예 무시하는 사람 등 여러 경우가 있다.

그러나 아무리 외관이 훌륭하고 아름다워도 실내가 허술하다면 안심하고 살 수가 없다. 도시의 집은 그렇지 않아도 근처에서 벌어지는 여러 공사 때문에 이리 흔들리고 저리 흔들려 튼튼한 집이라도 불안한데, 건축물의 골격인 구조체가 완벽하지 않아 허술하면 마치 길 가운데 나앉은 느낌이 들 것이다.

그렇다고 각자의 입장만 주장하면 건물주도 곤혹스러워지게 된다. 그럴 때 삼자를 한데 통합하는 코디네이터 역할을 하는 것이 건축계획 설계자인 건축사다. 건축사는 구조적인 측면을 깊이 있게 다룰 뿐만 아니라 설비 및 전기, 기타 계획설계면에서 책임감 있게 총괄적으로 다룰 수 있는 전문가로 믿어도 좋다.

하긴 설비문제를 가장 소홀히 하기 쉬운 이유가 한 가지 있다. 본래 주택생활의 안락함을 결정하는 건축설비는 건축과 좀더 긴밀한 관계를 이루지 않으면 안되나, 건축학을 전공하는 사람 중에 건축설비를 전문으로 하는 사람은 드물기 때문이다. 주택 내에서 설비의 역할에 비중을 두기 시작한 것은 최근의 일이다. 앞으로는 주택설비를 전문으로 하는 인력도 많아질 것이라는 전망이다.

물론 철근 콘크리트조나 철골조 건물로 구조계획에 유연성이 없는 경우나 대규모 건축물을 짓게 될 때는 기본계획 초기단계부터 설비설계 전문스탭도 함께 하지만, 일반주택을 지을 때는 아무래도 설계자의 디자인이 선행되기 쉽다. 튼튼하고 오래가는 집을 짓고 싶으면 설비와 전기의 중요성을 인식하고 설계자와 시간을 갖고 천천히 의논해야 한다.

81
마감재는 통일하는 것이 이익이다

마감재란 건재의 표면을 덮는 것으로, 외벽으로 말하면 붉은벽
돌·화강석·외장타일·드라이비트 등 여러 가지가 있다. 여기서는
특히 내부 마감재에 대해 말하고 싶다. 내부 마감재는 천장과 벽의
도배·목재·페인트 중에서 선택해야 하는 문제가 있다.

어떤 것을 선택하든 취향이지만, 이와 같은 마감재의 종류를 적게
할 때 비용도 한결 저렴해진다는 것을 알아야 한다. 왜냐하면 시공
비, 즉 노임을 절약할 수 있기 때문이다. 바꿔 말하면 공사에 필요한
인원수를 줄일 수 있는 것이다.

예를 들어 천장은 현관서부터 거실·주방·침실이나 어린이방과
복도까지 모두 페인트칠로 통일하고, 바닥은 장판으로, 벽은 직물벽
지로 통일했다고 하자. 이러면 페인트칠을 할 사람과 도배사만 부르

면 충분하다. 적은 인원으로 어렵지 않게 일이 끝나고, 일정을 맞추느라 지연되기 쉬운 공사기간도 단축되며, 인건비도 많이 절약할 수 있으니 일석삼조다.

먼저 페인트칠을 하는 사람을 불러서 천장을 칠하고, 그 다음 벽지를 바르고, 다음에 바닥을 깔면 모든 것이 쉽게 끝난다. 그러나 개성을 중시한 나머지 이방 저방 마감재를 바꿔달라고 요구하는 사람이 있다. 이럴 때는 어떻게 될까? 거실 천장에는 몰딩이 필요하고, 거실 바닥은 카페트를 깔고 싶고, 주방의 벽과 욕실은 타일을 붙이고 싶다 등의 요구가 많아지면 별도의 작업원을 불러야 한다. 따라서 하나하나의 공사는 짧은 시간에 끝날지 몰라도 순서대로 완전히 끝날 때까지는 많은 시간이 걸린다. 재료는 많은 것을 주문할 때보다 조금씩 적게 주문하는 것이 훨씬 비싸게 든다.

이렇게 비싼 것은 알지만 자재를 지나치게 제한해 획일적인 인테리어가 되는 것은 누구든 달갑지 않을 것이다. 그러나 걱정할 것은 없다. 같은 성질의 자재라도 색깔과 무늬, 질감이 다른 것이 많다. 이런 것들을 잘 이용하면 소재는 같아도 얼마든지 변화를 연출할 수 있다. 만약 빈약한 인테리어가 되었으면 그것은 설계자나 인테리어 코디네이터의 센스가 좋지 않기 때문이다. 마감재의 종류는 적게, 그 변화는 풍부하게 사용하는 것이 여러 면으로 현명하다.

82
늘어나는 전력소비 대비책

아파트에서는 보통 한 가구당(70평 정도 기준) 전기 계약용량이 3 킬로와트인데, 각 가정의 가전제품은 해마다 느는 실정이다. 특히 텔레비전 등 대형제품들은 전원을 꺼도 전기가 소모된다. 따라서 전력량을 충분히 잡지 않으면 부족해진다.

예를 들어 아래 위층을 쓰는 가정인 경우, 한여름에 두 대의 에어컨을 풀가동하면서 한쪽에서는 세탁기를 돌리고, 또 한쪽에서는 전자렌지를 사용한다고 하자. 이렇게 되면 3킬로와트인 가정에서는 그대로 차단기가 내려진다. 역시 장래 일을 생각해서라도 최대 6킬로와트까지 전력을 끌어놓지 않으면 안 된다는 계산이 나온다. 물론 요즘같이 가전제품이 많이 보급된 현실에서는 6킬로와트 증량은 처음부터 보장된 경우가 대부분이다.

그러나 이렇게 증량하기 위해서는 처음부터 전력회사의 예상변압기 용량이나 각 가정으로 보내지는 인입선의 굵기를 최대용량으로 예상하여 설계와 시공을 해야 한다. 공사비도 약간 비싸지므로 주택을 신축할 때는 이러한 배려를 할 수 있는 전기설계를 해야 한다.

83
주거의 뉴미디어 대응책

예전의 아파트인 경우, 만약 100가구인 곳이라면 외선 인입회선 수가 130~140회선 정도였다. 그러므로 100가구 당 30~40호까지는 외선을 두 개까지 끌어올 수 있었는데 지금은 다르다. 요즘은 일반 가정에도 팩스나 컴퓨터 등 통신기능을 많이 이용한다. 그렇다면 100가구 당 적어도 220~250회선 정도의 MDF(인입 단자함)는 설치해야 한다는 계산이 나온다. 이 MDF의 크기로 외선인입회선용 단자 수가 결정되기 때문이다.

따라서 커진 MDF를 수납할 장소를 준비해야 한다. 그렇지 않고 한 푼이라도 아끼려는 악덕업자에게 속으면 불편한 집이 되고 만다. 뉴미디어에 대응할 수 있는 가정을 이상으로 삼는 사람이라면 이와 같은 회선 수도 점검해야 한다.

또 CATV(케이블텔레비전)는 전화회선을 사용하는 데다, 앞으로 재택근무가 늘면 컴퓨터나 팩스는 필수품이기 때문에 가구당 필요한 전화 회선수는 3회선 정도는 돼야 하지 않을까? 이 점도 고려하기 바란다.

7장. 알면 이로운 건축상식

일은 전문가에게!

지극히 당연한 말 같지만

모르면서 사람을 부릴 수는 없다.

훌륭한 집을 지으려면

이 정도의 상식은 알고 있어라.

84

집을 짓는 데 필요한 규칙

조용해야 할 주택가에 백화점이나 공장이 들어서면 곤란하다. 공장지역에 일반주택이 들어선다는 것은 살고 있는 사람의 환경면에서만이 아니라, 공장의 입장에서도 마음 편히 조업할 수 있는 환경이 못 된다는 점에서 서로 불편하다. 그러므로 건축물 간의 관계상 빚어지기 쉬운 사회적인 부적합을 피하려면 지역의 토지 이용법이나 건축법은 법률로 조정할 필요가 있다. 건축물을 규제하는 주요 법률에 대해 간단히 살펴보자.

1. 건축기준법

건축기준법은 한마디로 말해 모든 건축물이 지켜야 하는 기본 법률이다. 구체적으로는 건축물의 부지는 도로에 접해 있어야 하고 도로의 경계를 넘어설 수 없는 규정, 건축물은 그 자체의 하중이나 안에 있는 물건의 무게 혹은 지진이나 태풍 같은 외력에 의해 파괴되지 않을 구조적 내구력이 필요하다는 규정, 특정한 용도는 구역·지역에 따라 규제하며 일정 규모 이상의 건축물은 구조상의 제한 규정, 그밖에 환기나 채광 및 전기시설, 승강기나 화장실 등의 건축설비에 관한 규정 등을 다룬다.

이밖에 도시계획과 관련해 고도지구·고도이용지구·특정구역·미관지구·풍치지구 등 일정 구역 내에 지으면 안 되는 건축물에 대한 규제가 있다. 또한 부지면적에 대한 건축면적이나 높이의 제한, 일조권의 규제, 방화지역 등에서는 건축물의 규모와 용도에 따라 내화 건축물로 하지 않으면 안 된다는 등의 규정이 있다.

2. 도시계획법

도시계획법에서는 우선 법을 적용하는 범위로써 도시계획구역을 정해 놓았다. 그중에서도 적극적으로 도시형성을 꾀하는 시가화구역과 당분간 시가화를 억제하는 시가화 조정구역으로 나뉘며, 주로 시가화구역 내에 용도지역 등의 토지 이용 제한을 포함한 지역 지구를 정해 놓고 있다. 이러한 규정은 도시의 건전한 발전을 도모하고 공공의 안녕과 질서·복리 증진에 기여하는 것을 목적으로 한다.

85
초보자도 이 정도는 알아두자

건축주가 현장에 자주 출입하는 것을 좋아하는 시공업자는 없다. 그러나 의심스럽고 그냥 넘기기 힘든 일이 있으면 속히 설계자나 감리자에게 알리는 게 좋다. 수학과 달리 건축에서는 한 가지 사항에 대해 해답이 몇 가지가 있을 수 있다. 즉 현장감독, 설계자, 시공자 쪽의 대답이 서로 엇갈리는 수도 있다. 틀림없다고는 생각되지만 그 대답이 건축주의 마음에 들지 않을 때가 있거나, 전달해야 할 것을 시기를 놓치는 일도 있다.

예를 들어 발코니에 냉난방시설을 설치할 예정으로, 기기의 수치에 맞춰 위치를 정해 두었는데, 구조가 변경된다는 것을 깜빡 잊어 마음에 들지 않지만 다시 계획을 수정해야 하는 일도 있을 수 있다. 평면도에 치수를 꼼꼼히 기입하고 주의를 기울여 도면화하고, 공사의 상황도 현장에서 잘 지켜보았지만 그런 실수가 일어나는 경우도 있다. 이와 같은 실수를 하지 않으려면 현장에서 어떤 점을 체크해야 할까.

1. 현장 청소와 정리는 확실하게 하고 있는가

현장의 정리정돈이 잘 이루어지지 않으면, 예를 들어 제거해야 할 테이프를 그냥 둔채 공사가 진행되어 나중에는 제거하지 못하게 되었다거나, 사용하고 남은 재료 속에 휩쓸려 들어가는 바람에 손상되거나, 아예 못쓰게 되는 수도 있다. 단열재의 피복재처럼 현장에는 망가지기 쉬운 물건도 많이 있다. 또 출입하는 사람이 걸려서 넘어지거나 부상당할 위험을 막기 위해서도 현장의 정리정돈과 청소는 중요하다.

2. 근린대책이나 안전관리

공사 중에는 소음과 먼지, 차와 사람들의 빈번한 출입으로 이웃에 피해를 주기 마련이다. 더구나 공사는 며칠에 끝나지 않으므로 이와 같은 불편이 계속되는 것을 좋아할 사람은 없다. 그나마 아무일 없이 공사가 끝나면 고마운데, 자칫 이웃과 감정이라도 상하면 진정서가 들어가는 등 법으로 해결하려고 소송까지 벌이는 경우가 많다.

이래서야 운이 트이는 좋은 집을 짓기는커녕 화를 부르는 집이 되기 쉽다. 공사를 하려면 크고 작은 불편을 끼치는 것은 피할 수 없는 일이지만, 가능하면 이와 같은 불편을 줄일 수 있도록 최대한 노력해야 한다. 또 낙하물 방지대책이 제대로 되어 있는지도 잊지 말고 살펴야 한다. 이런 대책이 잘 된 회사는 믿어도 좋다.

3. 건자재 관리와 대책

공사현장에는 많은 인부가 출입한다. 타일공·페인트공·목수. 그런데 같이 일해도 그 사람들이 모두 아는 사이는 아니다. 공사를 맡은 업자가 공사만 따냈을 뿐 다른 업체에 위탁해 지을 수도 있고, 일당제로 인부를 고용하는 곳이 많기 때문에 서로 모르는 경우가 많다. 따라서 자기 일이 아닌 남의 일에는 좀처럼 간섭하지 않으려고 한다. 이렇게 모르는 사람끼리 팀을 이루었을 때는 문제가 생겨도 책임소재가 명확하지 않다.

자재관리에서도 그런 면이 명백히 나타난다. 자기와 관계없다고 함부로 취급해 손상되는 일이 부지기수다. 앞으로 사용해야 할 재료가 더럽혀지거나 손상되지 않도록 철저하게 관리하고, 작업이 끝난 곳에는 보호시트를 붙이거나 출입을 금지하는 등 세심하게 챙겨야 한다. 한편 건자재 중에는 젖으면 못 쓰게 되는 것도 많다. 비에 젖지 않게 보관하는지, 젖어도 괜찮은 재료라도 완전히 말려 사용하는지, 손상된 것은 교체하는지 등을 점검해야 한다.

그리고 이런 것들을 요구를 할 때는 작업하는 인부에게 직접 말하는 것보다 감독자나 설계자나 감리자에게 전달하는 것이 좋다. 그래야 나중에 추가공사비를 산정하더라도 정당하게 계산할 수 있다. 설계도를 변경할 때도 가능한지를 미리 검토해야 한다. 인부들은 그들의 지시체계에 있기 때문에 건축주의 지시는 꺼리는 묘한 면이 있다는 것을 명심하자.

4. 기초공사를 할 때

건물이 미치는 힘을 지반에 전하는 중대한 부분으로 가장 꼼꼼하게 살펴봐야 하는 것이 기초공사다. 기초 폭과 깊이·높이, 철근이 도면과 같이 배근되었는지 확인한다. 단, 일일이 치수를 재려하지 말고 전체의 길이를 기억하고, 그 사이에 몇 개의 철근이 들어 있는지를 세어 나누어 계산하면 철근의 간폭을 알 수 있다. 기분좋게 현장 사람들과 말할 여지를 남겨두는 것이 중요하다.

5. 거의 완성되었을 때

완성단계에서는 배수·위생시설과 보강재·방수공사 등을 점검해야 한다. 우선 배관재료 점검은 단면의 잘린 자리를 보고 판단한다. 배관배선과 콘센트나 스위치 박스가 제대로 고정되어 있는지, 붙이는 위치 등을 점검한다. 위생기기 위치는 급수배수관의 위치로 알 수 있다.

또 단열재나 방온재의 피복재가 벗겨졌거나 겹치는 부분에 틈이 생기는 일이 없도록 주의한다. 석고보드 밑은 나중에 무거운 것을 벽에 붙일 수가 없다. 뭔가 설치할 예정이라면 빨리 말해서 보강재를 넣어달라고 해야 한다.

건축물에서 방수가 제대로 되어 있지 않으면 건조재에 물이 돌아 빨리 노후된다. 방수점검은 꼼꼼하게 해야 한다. 창문틀재의 코킹이 제대로 되어 있는지 창문틀재나 토대 밑을 살핀다. 발코니의 방수처리 등도 면밀히 살펴 이상하다고 생각되면 즉시 말한다. 특히 견적 당시에 도면에 표시해 계약하는 것이 좋다. 약속이 제대로 이행되지 않으면 아무리 점검해도 공사자에게 요구가 통하지 않으니까.

86
집의 수명을 단축시키는 습기

"우리집은 목조도 아닌데 뭐" 하며 습기대책을 전혀 세우지 않는 사람이 많다. 그러나 철이나 콘크리트나 습기에 약한 것은 마찬가지다. 만약 안개가 잦거나 물가에 있어 항상 습하다면 철저한 대책을 세워야 한다. 심한 습기는 곰팡이 · 진드기 · 부후균 · 흰개미의 번식을 돕기도 하고, 녹의 원인이 되어 건물을 망가뜨릴 수도 있고, 사람의 건강을 해칠 수도 있다. 건축기준법에서도 목조 아래층의 바닥 높이는 45㎝ 이상, 외벽의 길이는 5m 이하마다 면적 300평 이상인 환기구를 설치하도록 정해놓았다.

습기는 환기가 잘 안되는 곳으로 스며들어 벽이나 유리창 안팎의 기온 차이가 큰 곳에 결로하여 건물에 나쁜 영향을 준다. 습기와 결로를 막으려면 원인을 막고, 환기와 통풍이 잘 되게 하고, 단열성을 높여야 한다. 택지나 건물 주변이 배수가 잘 되게 만들어 사시사철 건조하게 하는 것도 중요하다. 따라서 일조량이 적어 습하기 쉬운 곳은 바람이 잘 통하도록 담을 낮추거나, 담장 밑에 공간을 만들어 공기가 잘 통하게 하거나, 담장과 건물의 간격을 넓혀야 한다.

겨울에 습기가 많은 방이 따뜻해지면 유리창에 물방울이 생기는데, 이것이 결로다. 습기를 머금은 따뜻한 공기가 찬 유리나 벽에 닿아 갑자기 식으면서 결로하는 것이다. 특히 겨울에 짓는 건축물일수록 자재가 잘 마르지 않아 결로현상이 나타난다. 따라서 집을 지을 때는 봄에 시작해 여름에 충분하게 건조시켜야 한다.

결로에는 벽이나 유리창 표면에 생기는 표면결로와 벽이나 천장 안쪽에 생기는 내부결로가 있다. 특히 내부결로는 눈에 잘 보이지 않는 부분에 발생하기 때문에 미처 깨닫지 못하는 사이에 건물의 수명을 단축시키고 만다. 주택 내의 습기는 욕실이나 주방 같은 곳에서 많이 발생하므로, 이런 곳의 방습에 특히 주의해야 한다.

1. 방습재 이용

방습재에는 폴리에틸렌필름 · 알루미늄박 · 아스팔트펠트 · 아스팔토르핑 등이 있다. 벽이나 바닥에 붙일 때는 틈새가 생기지 않게 겹치는 부분을 여유있게 잡아주는 것이 중요하다. 또 이음새가 있거나 구멍이나 파손된 곳이 있으면 성능이 떨어지니 주의해야 한다.

2. 단열재 이용

습한 공기가 온도차가 높은 벽에 닿아 결로하는 것을 막으려면 벽에 단열재를 넣는다. 단열재로 많이 사용하는 것은 그라스울이나 록울·암면 등이다. 단열재들은 습기를 통과시키거나 흡수하기 때문에 표면에 방습시트가 붙은 것이 안전하다. 피복해 있는 단열재를 사용할 때는 방습층이 있는 쪽을 건물 안쪽으로 향하게 하고, 겹치는 곳에 틈새가 생기지 않게 한다. 특히 마루와 벽, 벽과 천장 등에 구조재를 넣을 때 틈새가 생기면 효과가 없다. 시공할 때는 물이 스며들지 않게 주의하고, 물이 스며들면 충분히 말린 다음에 사용한다.

3. 바닥의 방습

바닥방습은 60㎜ 이상의 콘크리트를 치는 것만으로도 달라지지만, 0.1㎜ 이상의 방습시트를 깔고 콘크리트나 모래로 누른 다음, 바람의 흐름을 생각해 환기공을 만들어 환기가 잘 되게 해야 한다. 그리고 기초 주변의 물빠짐이 잘 되게 하여 물이 고이지 않게 하고, 바닥 지반을 건물 주위의 지반보다 높게 만들어 비나 물이 들어오는 것을 막는다. 또 낙엽 같은 것들 때문에 하수구가 막혀 물이 역류해 습기가 밸 수도 있고, 잘못된 시공이나 부동침하, 금 등으로 물이 나는 경우도 있다. 문틀재 주변의 코킹, 발코니 물이 잘 빠지도록 경사면을 만들고, 방수층 마무리를 철저하게 해야 한다.

87
설계도 보관은 상식

　신축공사를 완료했을 때 실제로 공사가 끝난 것과 같이 설계도를 재작성한 것을 준공도(竣工圖)라고 한다. 얼마 전까지만 해도 집이나 건물을 지을 때는 시험적으로 적당히 지어 사용할 때까지 사용하다 형편이 좋아지면 다시 짓지 하는 생각을 갖는 게 보통이었다. 그러나 경제한파로 수입은 줄어든 데다 모든 자재비가 급등하여 신축을 생각한다는 것도 결코 쉽지 않다.

　사람들은 이제야 정신이 든듯 갑자기 신중한 태도를 취한다. 이모저모 깊이 생각해 수백 번이나 계산을 맞춰 본 후 마침내 신축하기로 결정을 내렸다 해도 종전처럼 우선 짓고 본다는 식이 아니라, 최대한 튼튼하게 지어 2대·3대까지 대를 물려 사용하고 싶다는 의식이 강해지기 시작했다. 따라서 장래의 증개축 계획에 대비한 준공도의 필요성도 인식하기 시작한 것이다.

예를 들어 증개축 때의 설비공사에서 새로운 기기로 교체하거나 그레이드업하려고 할 때 기존의 배관·배선을 옮기지 않으면 안 된다는 결과가 나온다. 쉬운 일로 여기고 시작하긴 했으나 막상 설비기기를 갖고 와보니 교체하기에는 큰 장벽이 있다.

일반 주택을 지을 때 준공도를 만드는 일이 드물기 때문에 겉으로만 보아서는 어떻게 되어 있는지 알 수 없는 데다 조사하기도 쉽지 않기 때문이다. 그렇다고 천장이나 벽을 뜯고 조사할 수도 없는 일이라 어림짐작으로 해결하려고 하다가는 이와 같은 문제가 생긴다.

특히 설비는 매우 복잡해지고 있다. 예전 같으면 화장실과 부엌·욕실에 한 군데씩 급배수시설이 있거나 전화는 1회선, 전등은 1실 1등 정도였다. 그런 것들이 언제부턴가 방마다 화장실이 딸려 있다. 따라서 급배수시설은 몇 군데나 있는 데다 부엌에는 싱크대에 전자렌지, 각종 전기조리기, 욕실은 풀리모콘, 현관에는 전자잠금장치 등 설비기기의 그레이드업은 예전의 몇 배 이상으로 늘어난 것이다. 따라서 전기는 용량이나 회로의 내용, 급배수는 배관재료의 종류(굵기나 길이)나 배치 등 자세한 내용을 기입한 공사준공도야말로 매우 중요하다.

최근 주택 건설업자들도 이 준공도를 중요하게 생각하는 것은 설비공사는 설비전문 설계사무소에 의뢰해 설계하고 있는 점, 배관 스페이스가 커지고 복잡해져 기기의 기능선택을 할 때 판단이 어려워진 것, 배관 스페이스를 쉽게 떼낼 수 없어진 것 등이 이유다. 또 준공도가 없으면 수도나 전기설비에 문제가 생겼을 때 신속하게 대응하기 어렵다는 점도 들 수 있다.

　그러나 메이커도 상대를 봐가며 행동하는 모양으로, 가까운 친척 중에 건축가나 법률 관계자가 있거나 까다로운 건축주에게만 내놓는 경향이 있다. 확실히 설계하는 쪽에도 문제가 있지만 앞으로는 건축주도 설비계획의 중요성을 인식해야 한다.

88
지하실에 도사리고 있는 위험

지하실을 만들 때 가장 보편적으로 사용하는 방법은 철근콘크리트 조다. 이 특별한 공간을 짓기 위해서는 주위의 토압에 견딜 수 있는 튼튼한 철근콘크리트벽 구조여야 한다. 콘크리트는 알칼리성이기 때문에 철근이 녹스는 것은 방지하지만 오랜 세월이 지나는 동안에 서서히 중성화해 가는 것은 피할 수 없는 일로, 철근을 지키려면 철근 바깥쪽으로 일정 두께의 콘크리트가 필요하다.

1. 방수

지하에 구조물을 둘 경우 최초의 과제가 방수다. 흙과 접하는 바닥·벽·천장을 통해 물이 들어오지 않게 하는 것이 첫째다. 철근콘크리트조인 경우, 흙과 접하는 부분에 외측으로 내구성이 있는 확실한 방수층을 만들어야 하는 건 반드시 필요한 일이다. 장마 때 지표에 흐르는 물이 들어오지 않도록 지표면에서 상당한 높이까지 안전대책을 세워야 한다.

그러나 외부에서 들어오는 물을 막아도 결로라는 문제가 남는다. 외부 구조체와 맞닿은 흙과 접한 바닥·벽·천장의 온도가 실내온도보다 어느 정도 낮을 때는 실내공기 속의 수증기가 구조체 면에 결로한다. 이런 경우의 대책으로는 이중벽으로 만들어 물의 배수처리를 할 것과 이중벽 사이의 환기를 꾀하게 할 것을 들 수 있다.

2. 환기

지하실의 환기는 건축기준법에서도 엄격히 규정한다. 창을 지면 위로 나오도록 만들어 자연환기를 이용하면 몰라도, 그 외에는 인위적인 환기장치를 해야 한다.

사람들이 모여 지내는 일이 많은 거실에서는 건강을 위해 필요한 산소가 결핍되는 일이 없도록 언제나 신선한 공기가 흐르게 해야 한다. 또 공기보다 무거운 가스는 낮은 곳에 고인다. 프로판가스같이 인화성이 있으면 폭발할 위험성도 있다. 불연성 가스라도 질식이나 중독의 위험이 있으므로 공기가 순환하지 않고 막혀 있는 상태를 만들면 안 된다.

한편 지하실은 지상에 비해 온도 변화가 적어도 냉난방 시설이 필요하지 않은 것은 아니다. 만약 지하실에 냉난방 시설을 할 경우에는 단순한 온도 조절만이 아니라 습도 조절까지 되도록 하는 것이 바람직한 것은 말할 필요도 없다. 방습이 완벽하더라도 제습 준비를 하는 것이 좋다.

3. 채광

지하실에 창을 만들 경우, 지하실의 천장이 지표면보다 위로 올라와서 높이 설치하는 것이 가능하다면 자연채광도 가능하지만, 그렇지 않은 경우에는 채광에 신경써야 한다. 지하에 완전히 묻혀 있을 경우, 드라이 에리어(Dry-area)를 설치하거나 또는 상부에 건물이 없다면 천창을 설치하여 자연채광을 할 수 있다. 그것이 어려울 경우는 안쪽에 거울을 부착한 채광덕트를 이용하면 충분한 자연광을 받아들일 수 있다. 인공조명일 경우는 인공태양 조명등을 사용하면 자연광에 가까운 환경을 만들 수 있다.

4. 비상구

한편 지하실은 비록 불을 사용하지 않아도 화재의 위험이 전혀 없다고 장담할 수는 없고, 지상에서 난 화재 때문에 출입구를 사용할 수 없게 될 경우도 대비해 두 방향으로 피난로를 확보해 두는 것이 필요하다. 통상적인 출입구 외에 창이나, 천창 등 탈출구나 비상구로 사용할 수 있도록 설계해야 한다.

5. 배수

지하실에 빗물 등의 방지책을 만들어 놓았지만 그래도 흘러들 경우를 대비해 배수설비를 갖추는 것이 좋다. 또 지하실에 화장실이나 욕실 등을 설치할 경우에도 배수를 생각해야 한다. 하수관이 지하실보다 깊이 있을 때는 직접 방류가 가능하지만 그렇지 않을 때는 펌프로 퍼올려야 하므로 신중하게 설계해야 한다.

빌딩 건설에서는 지하 공사쯤 당연한 일처럼 행해지지만, 주택지에서 지하실을 만드는 것은 매우 위험하니 주의해야 한다. 특히 도로나 이웃 땅과 가까이 근접한 곳에 지하실을 만들 때는 무너져 도로나 이웃에게 피해를 주는 일이 없도록 기초공사를 확실히 하는 등 철저한 안전관리를 생각해야 한다.

89
욕실 벽재는 타일이 최고

　욕실 벽재는 타일이 가장 실용적이다. 타일은 수세미로 문질러 닦아도 빛을 잃지 않고, 때가 껴도 세제로 닦으면 쉽게 지워지기 때문에 관리하기가 편하다. 그런데 최근에는 돌을 들쑥날쑥한 모양으로 붙이는 곳이 많다. 그것도 자연석이 아니라 글라스파이버를 원료로 한 수지보드로, 돌모양으로 형태를 눌러 코팅했기 때문에 몇 년 못 가 벗겨지고 만다. 더구나 정전기를 많이 일으키기 때문에 먼지가 붙기 쉽고, 틈새에 먼지가 끼면 잘 떨어지지도 않는다. 호텔 같은 곳에서는 청소원들이 매일 닦지만 가정에서는 관리하기가 어렵다.

　또 욕조 등은 지저분해지면 쉽게 떼어내 교체하지만 벽을 벗겨내는 것은 쉬운 일이 아니다. 급수·급탕 배수관을 교체하는 개수공사는 대규모 공사가 되기 쉽다. 그러므로 보기에 멋진 것도 좋지만 욕실 벽만은 타일을 선택하는 것이 관리하기에 편하다.

8장. 트러블 없는 집이 편안하다

벼르고 벼러 집을 마련했는데,
크고 작은 트러블만 생긴다면
실망과 절망감에 휩싸일 것이다.
왜 이런 낭패를 겪는 것일까?

90
사공이 많으면 배가 산으로 간다

기본이나 실시설계 단계에서는 쾌히 오케이를 하고도 막상 공사가 시작되면 이러니 저러니 주문이 많은 사람이 있다. 이것은 재설계를 요구하는 것과 같다. "이건 설계도와 영 이미지가 다른 것 같으니 좀 수정합시다" 하면서 제동을 거는 것이 한두 번이 아니다. 때로는 고집을 부려 고쳐놓고도 또 다른 불평을 하기도 한다.

물론 피치 못할 경우도 있다. 그러나 변경할 것이 있을 때는 가능하면 공사가 시작되기 이전에 마쳐야 하고, 일단 공사를 시작한 다음에는 큰 수정은 피해야 한다. 잦은 설계변경으로 설계자나 감독자, 시공자의 기분을 상하게 하는 건 현명한 일이 아니다. 좋은 집을 짓고 싶은 욕심은 이해하지만 "아, 이 창은 설계보다 약간 오른쪽으로 앉혀주세요. 그리고 약간만 더 크게 하는 것이 채광도 좋겠고……" 하며 하나하나 간섭하는 사람과 실갱이를 하다보면 고객이 고뭐고 작업하는 사람의 입장에서도 부글부글 끓어오르는 마음을 억누르기 힘들어진다.

시공자의 기분을 상하게 해서 이로울 건 없다. 고의가 아니더라도 열심히 일하려고 했던 기분을 상실하고 적당한 선에서 마무리짓는 깔끔하지 못한 공사로 끝날 우려도 적지 않다. 좋은집이란 위치·설계·자재·인테리어가 모두 우수해야 하지만, 짓는 사람의 열과 성이 모아져야만 한다. 작업장에 수시로 드나들면서 간섭하는 사공노릇을 하다가는 빈약한 집이 되기 쉽다.

사람들은 자기 건물이니 언제라도 설계를 변경할 수 있다고 생각하는 것 같다. 그러나 설계를 변경할 때마다 별도의 비용이 추가된다는 것을 알면서도 그렇게 잦은 주문을 해댈 수 있을까? "아니, 그까짓거 조금 고쳤다고 무슨 비용이 추가된단 말입니까?" 하며 항의하는 사람이 있을지 모른다.

그러나 설계자나 시공자측에서는 작업의 능률화와 신속화, 또 단가절감을 위해 자재를 처음 단계에서 한꺼번에 주문하기 마련이다. 여기에 추가나 취소나 교체할 것이 생기면 비용을 더 요구하는 것은 당연하다. 설계도만을 보고 작업 사인을 내리기가 망설여진다면 컴퓨터로 입체 이미지를 검토하고, 유사한 모형을 만들어 달라고 요구하는 것도 좋다. 이렇게 해서 마음에 들지 않는 면을 수정하게 하는 것이 공사 중에 브레이크를 거는 것보다는 훨씬 낫다.

91

당신의 땅은 안전한가

옛사람들은 평소에는 건조한 땅이라도 비만 왔다 하면 사방에서 흘러온 물줄기가 모이는, 이를테면 계곡과 같은 곳에는 집을 짓지 말라고 했다. 등산을 할 때도 마찬가지다. 날씨가 아무리 좋아도 그런 자리에는 텐트를 치지 않는 것이 상식이다. 이것을 무시하고 텐트를 쳤다가는 밤에 갑자기 내린 비에 언제 휩쓸려 갈지 모르기 때문이다. 그런데 급격한 도시화에 의해 주택지가 부족하기 때문에 대도시 근교에서는 이런 선상지(扇狀地)에도 집을 짓고 살다가 느닷없는 태풍이나 장마에 휩쓸려 가버렸다는 불행한 사례를 종종 듣는다.

집을 짓고자 할 때, 한 번 척 보고도 그런 선상지라는 것을 알면서도 비싼 돈을 주고 땅을 사는 사람은 없겠지만, 문제는 대규모로 조성한 곳을 그냥 보기만 해서는 어떤 땅인지 알 수 없다. 이와 같은

개발조성지에서는 선상지만이 아니라 습지를 메운 곳이나 경사면을
절토·성토한 곳도 많다. 따라서 유명한 회사에서 공사를 한다고 안
심해서는 안 된다.

몇십 년이나 문제없이 살아왔으니 어디에 산들 마찬가지 아니겠느
냐고 생각했던 지역에서도 지진이라도 나면 크고 작은 피해의 차이
가 있는 걸 보면, 물론 건물의 강도에 의한 것이기도 하겠지만 역시
지반에 큰 원인이 있다고 보인다.

어느 고고학자의 조사에 의하면 명암이 나뉜 지반은 옛날에는 바다
였다가 홍수 때문에 차차 습지로 변한 곳으로, 이런 곳은 지하 수위
가 높고 습기가 많으므로 흰개미가 생기기도 쉽고 부식이 일어나기
쉬워 건물의 노후화가 현저해 진다고 한다. 또 이러한 땅일수록 역
사적으로도 홍수가 빈번했던 곳으로 알려져 있다.

집을 지을 계획이거나 개축하고자 할 때, 자기 땅의 지반을 확실
하게 조사하는 것도 의의 있는 일일 것이다. 완전 평지 모양이나 수
로나 강 가까이에 있고 과거에 물이 났던 적이 있었다, 지하수위가
얕다, 물웅덩이가 생기거나 기초에 금이 가 있다는 등의 일이 있으
면 과거의 지형이나 역사를 조사해 보아야 한다. 가능하면 지반조사
를 해보는 것도 나쁘지 않다. 한마디로 취약지반이라고 해도 구릉지
에 조성한 것인지, 해안을 메운 매립지인지, 혹은 골짜기를 메운 것
인지에 따라 개량 방법이나 대책이 다르다.

92
화장실 구조가 좋아야 집안이 편안하다

옛날에는 2세대가 한 집에 함께 살아도 침실만을 각각 쓰는 '완전 동거형'이 많았다. 그러나 최근에는 주방·욕실 등도 각각 쓰는 부분 분리형 주택이 있고, 현관·주방·욕실 모든 것이 분리되어 독립된 형태로 되어 있는 완전분리형 주택이 있다.

그런데 2세대가 함께 살면서 침실만을 각각 쓰고 화장실이 하나이면 매우 불편하다. 예를 들어 모두가 잠든 늦은 시간에 부모의 방 가까이 있는 화장실에 가는 것이 꺼려져서 소변을 자주 참았던 한 며느리는 심한 방광염으로 고생을 해야 했다. 시어머니가 몸도 약하고 잠귀도 밝기 때문에 이런 어이없는 일이 벌어진 것이다.

그런가 하면 O씨의 집에서는 아침 출근시간이 곧 전쟁이나 다름 없을 정도다. 그 시간이면 정해 놓고 번갈아 가며 화장실에 드나드는 노부모님. 그렇다고 그분들을 젖혀 놓고 출근할 채비를 서두를 수도 없는 일이어서 집안에서는 편안히 용변을 볼 수 없는 입장이다. 두 아이들 역시 이런 입장 때문에 그의 아내는 아침이면 화장실을 전세내다시피하는 부모님을 못마땅하게 생각할 정도였다.

2세대가 함께 살 경우에 겪을 불편과 문제는 비단 화장실만은 아니지만, 아무튼 구옥은 개조를 해서라도 화장실만은 별도로 만들어야 하루의 시작이 편안할 것이다.

93
안으로 열리는 화장실문은 위험하다

최근의 주택에서는 화장실문을 밖으로 열리도록 하는 것이 보통이지만, 구옥에서는 대부분 안으로 열렸다. "그까짓 문 어디로 열리든 뭐가 문제야?"라고 생각한다면 큰 오산이다. 이 문 하나 때문에 빚어진 비극이 적지 않기 때문이다.

한 할아버지가 화장실에 들어갔는데 꽈당하고 넘어지는 소리가 났다. 깜짝놀란 며느리가 달려가 문을 두드렸지만 안에서 들리는 것은 희미한 신음소리뿐. 문 손잡이를 돌려보았더니 5㎝쯤 열리더니 더 이상 열리지 않았다. 안쪽으로 쓰러진 노인이 문을 꽉 가로막았기 때문이었다. 며느리는 문을 부수고 싶었지만 당황한 마음에 119구조대를 불렀다. 그러나 구조대가 도착해 문을 부수고 안으로 들어갔으나 할아버지는 이미 숨져 있었던 것이다.

이와 같은 위험을 고려해서 화장실문은 밖으로 열도록 설계하는 것이 좋다. 화장실문이 갑자기 밖으로 벌컥 열리는 바람에 근처를 지나던 사람이 부딪칠 염려도 있지만, 이런 불편은 안에서 일어날 수 있는 대형사고에 비한다면 얼마든지 감수할 수 있지 않은가.

또 요즘은 문 종류도 여러 가지여서 밖으로 밀면 슬라이딩하듯 반으로 접히면서 열리는 것도 있다. 어떤 것이든 가족의 취향에 맞는 것을 선택하는 것이 좋다.

94
고층아파트는 안전한가

Y백화점에 근무하는 김씨는 22층짜리 고층아파트 20층에 산다. 날씨가 좋은 날 아침에는 멀리 강변까지 내다볼 수 있어 대만족이다. 그러나 최근 홀로되신 시어머니를 모셔야 하는 입장이 되면서 일이 생겼다.

시골 얕으막한 언덕을 뒤로 한 단층 슬래브집에서 살던 시어머니는 김씨의 아파트에 와 창가에 선 순간 현기증을 느끼며 쓰러진 것이다. 그후 시어머니가 이렇게 무서운 곳에서는 하루도 살 수 없다고 버티는 바람에 김씨는 아파트를 세놓고 단층주택으로 이사해야만 했다. 물론 시어머니는 늘 땅을 대하며 살아온 시골노인이라 20층이 아니라 5층이었어도 두려움을 느끼기는 마찬가지였겠지만.

이렇게 고령이 아니더라도 높은 곳에 서면 머리끝이 곤두서는 듯한 두려움을 느끼는 사람이 많다. 즉 고소공포증을 가진 사람들이다. 이런 사람들에게 고층아파트는 적합하지 않다. 그곳이 아무리 전망이 좋고 시설이 훌륭하더라도 안식처의 기능을 잃고 고문과도 같은 고통을 느낄 것이다.

더 심각한 것은 고층아파트가 유아에게 미치는 영향이다. 고층에 사는 유아일수록 밖으로 나가려고 하는 시기가 늦어진다는 조사결과가 있다.

이것은 비단 유아뿐 아니라 어른들에게서도 비슷한 현상을 볼 수 있다. 고층에 살면 밖으로 나갈 때 엘리베이터가 올 때까지 기다려야 한다. 자연히 밖으로 나가는 일이 귀찮을 것이고, 삼가하게 될 것이다. 부모가 외출하지 않으려고 하니 아이 입장에서도 집에서 노는 시간이 많아진다. 당연히 저층에 사는 아이보다 밖으로 나가 노는 횟수가 줄어들 것이다.

물론 어린이의 발육에 영향을 주는 것은 고층이냐 저층이냐가 아니라 어머니의 육아방법이나 생활태도에 따른 문제이지만, 자녀의 정신적·신체적 발달에 문제가 있다고 생각되면 과감하게 저층으로 내려오는 것이 현명하다.

95
고령자가 만족할 수 있는 방을

　구옥 중에서 특히 2세대가 살면서 개조를 하지 않은 집은 거의 없다고 봐도 좋을 것이다. 2세대 주택에는 여러 가지 형태가 있지만 2층짜리 주택에서 아래 위층으로 분리해 사는 경우, 현관만 공동으로 사용하고 아래층을 거치지 않고 직접 2층으로 올라가는 것이 형태가 가장 많다고 한다. 보통은 젊은 세대가 2층에 살고, 1층은 부모가 산다.

　그런데 어째서 1층을 고령자가 사용하는 것일까? 이 점에 대해서는 많은 사람이 2층으로 오르내리는 계단이 불편하다는 점을 들면서, 그것이 마치 노부모를 위한 배려처럼 말한다. 그러나 정작 부모들은 "위층에서 뛰노는 아이들 소리가 시끄러워 잠을 잘 수가 없다"고 불평한다. 눈에 넣어도 아프지 않을 귀여운 손자들이 노는 소리를 불평한다고 생각하는 사람이 있을지 모른다. 그러나 노인들 입장에서는 별로 유쾌하지 않은 기분을 느끼는 것만은 사실이다.

노인들은 초저녁 잠은 많지만 새벽에는 일찍 일어난다. 9시쯤 잠자리에 드는 노인들과는 달리 아이들은 그 시간에도 돌아오지 않은 아버지를 기다리며 한참 뛰어놀기도 한다. 그 뛰는 소리와 함께 텔레비전이나 음악소리 등으로 잠을 방해받는 것을 생각한다면, 거동이 매우 불편하지 않다면 2층은 노인에게 양보하는 것이 좋다. 나중에 거동이 불편해지면 그 때 1층에 모셔도 좋다. 2층이 전망이나 일조·통풍이 뛰어나기 때문이다.

나이가 들면 "넘어지지 않도록 주의하고, 감기에 걸리지 않도록 주의하고, 과식하지 않도록 주의해야 한다"는 주의문을 외다시피 해야 한다고 한다. 왜냐하면 보기에는 별로 대수롭지 않은 것 같은 일이 만병의 원인이 되기 때문이다.

실내에서 높지도 않은 문턱에 걸려 넘어지는 바람에 팔과 허리를 다친 한 할머니는, 그 후로는 산보도 못하고 자리에 누워서만 지내더니, 아픈 곳 하나 없이 멀쩡하던 사람이 정신도 흐릿해지는 기색을 보이다 결국 세상을 뜨고 말았다. 젊은 사람이라면 아무렇지도 않은 문제인데, 노인들은 뼈가 약하기 때문에 큰 충격을 받는다. 이런 점을 생각한다면 고령자가 있는 집에서는 집안의 문턱을 전부 없애거나, 문턱이 없는 집으로 이사하는 것이 좋다.

그러나 현관의 마루턱은 신발의 흙이 마루 위까지 올라오는 것을
막기 위해 없애기가 어려울 것이다. 그럴 때는 현관 바로 옆벽에 손
잡이를 설치하는 것이 좋다. 또 현관 입구에 작은 의자를 놓아두어
그곳에 앉아 신을 신을 수 있게 하는 것도 좋다.

또 노인들이 넘어지는 확률이 가장 높고 사고의 위험이 가장 많은
곳은 욕실이다. 이곳의 문턱도 최근에는 그레이칭을 이용해 해소할
수 있다. 최근의 신축주택에서는 대부분 이 방법을 이용한다. 물론
이곳에도 적절한 위치에 손잡이를 만들어 놓아 힘들이지 않고 움직
일 수 있게 하는 것이 좋다.

9장. 아파트, 20년 운을 좌우한다

분양만 받으면 시세차익이 생겨

너도나도 부동산 투자에 뛰어들었던 것은 옛말.

앞으로는 투자보다는 살 아파트를

얼마나 좋은 조건으로 찾느냐가 문제다.

아파트, 어떤 점을 체크해 골라야 할까?

96
환경이 좋아야 최고 아파트다

아파트는 시설이 모두 그만그만하다고 가정할 때, 가장 좋은 조건은 역시 단지 주변에 녹지공간이 충분하느냐다. 공원·산·학교·그린벨트 등이 안정적인 녹지공간을 제공한다. 이 녹지는 거주하는 사람들에게 계절감은 물론 편안함과 쾌적함을 주는 중요한 요소다. 이렇게 자연을 잘 이용한 환경친화적이고, 대지의 컨디션이 좋은 단지야말로 안정성이 높아서 튼튼하고 운좋은 집의 출발이 된다.

그러나 주의할 것은 과도한 절토나 성토로 인공적으로 조성한 경우는 튼튼한 대지라고 단정하기 어렵다. 또 단지 내에는 상가나 세탁소·놀이방 등 주변시설이 충분해야 한다. 이와 같은 생활 편의시설은 주부의 가사노동을 줄여 준다는 점에서도 반드시 필요하다. 한편 건강시설로 어떤 것들이 있는지도 체크해야 한다. 레크레이션을 위한 시설, 휴식을 위한 절대적인 공간도 오늘날에는 매우 중요하다. 병의원 등 의료시설의 유무와 함께 시설의 수준까지 미리 살펴 두어야 안심하고 생활할 수 있다.

또한 문화와 교육시설도 빠뜨릴 수 없는 중요한 요소다. 거주민의 수준을 높이고, 자녀들에게 좋은 교육환경을 만들어 삶의 질을 높여 주고 싶은 것은 모든 부모의 꿈이다. 따라서 문화와 교육시설도 살펴보아야 한다. 최근에는 학군이 골고루 평준화되어 있으므로 질을 따지는 것이 이상하지만, 자녀들의 연령이나 수준에 적합한 지역을 골라야 한다. 한편 단지의 규모는 가능하면 큰 것이 좋다. 일정 규모 이상이어야 유치원·노인정·사회복지·체육시설 등을 골고루 갖출 수 있는 환경이 된다는 것을 잊지 말자.

97
다른 곳과 철저하게 비교해라

    사람들은 새 아파트를 분양받을 때 무엇보다도 시공사가 어떤 회사인지에 가장 큰 관심을 갖는 경향이 있다. 혹시라도 부도가 나지 않을까 하는 우려 때문일 것이다. 전에는 우량건설회사이면 무조건 믿어도 좋았다. 자사 자금이 얼마고 은행빚이 얼마든 그것을 문제삼는 사람은 없었으나, 요즘같이 하루에도 수백 개의 업체가 부도나는 세상에서는 확신할 수 있는 회사는 없는 것 같다. 그러나 그럴수록 튼튼하고 안전한 집을 갖고 싶은 욕망은 커진다. 신뢰도가 높은 회사가 지은 아파트를 좋아하는 것은 다음과 같은 점에서도 그렇다.

    아무리 튼튼하게 지었어도 하자가 전혀 없을 수는 없다. 따라서 입주자가 불편을 호소할 때까지 기다리지 않고 철저한 정기 점검과 애프터서비스를 해주는 회사여야 한다. 문제가 생기더라도 책임을 미루는 회사는 문제가 있다. 어떤 시공사의 애프터서비스가 어떻게 좋은가를 미리 알아두는 것이 좋다. 한 번 불만이 생기면 그것이 20년 이상 이어진다고 생각하면 이 정도 수고야 아무것도 아니다.

또 아파트 각 세대의 평면구성 형태가 자기 가족의 기호에 맞는지도 검토해야 한다. 핵가족이라면 획일적인 평면형태도 문제없지만, 대가족이라면 불편하지 않은 알맞은 구조여야 한다. 그밖에 최근에는 건강에 이로운 시스템을 적극적으로 채택하는 회사도 많다. 회사마다 어떤 점을 차별화하여 채택하는지를 꼼꼼하게 체크해서 적합한 쪽을 선택하는 것이 좋은 아파트를 고르는 요령이다.

98
최상층은 천장을 체크해라

여러 아파트를 보고다니다 막상 구입단계에서 망설이는 것이 '몇 층에 사는 것이 좋을까?'라는 문제다. 각 세대별 방 배치나 가격을 비교하면서, "암, 1층에는 전용 정원이 있는 거나 마찬가지야. 그것이 매력적이지." "역시 전망을 즐기기에는 최상층이 딱이야." "이 사할 때 힘들 걸 생각하면 2층이나 3층이 제일 좋을 것 같아." 하는 따위의 여러 가지 일을 충분히 생각한 다음에 결정을 내리는 것이 보통이다.

그런데 체크가 필요한 것은 최상층을 선택할 경우다. 건물 상부의 슬래브(콘크리트판)는 태양열을 축적하기가 쉬워 여름철에는 매우 뜨겁다. 그리고 이렇게 달구어진 슬래브 아래가 바로 천장이라고 할 경우에는 낮에 축적된 열이 밤에 발산되면 더워서 못견딜 정도가 된다. 당연히 한낮의 더위도 쉽게 상상할 수 있다. 그렇기 때문에 요즘 아파트는 그 슬래브 아래에 10~15㎝ 가량의 공간을 만들고, 그 부분의 천장 윗부분에 프라스터 보드를 덮는다. 이렇게 하면 달구어진 슬래브 아래로 원쿠션 공간이 생겨 단열효과도 높아진다. 이렇게 되면 옥상의 열이 최상층으로 전달되지 않기 때문에 냉방비를 아낄 수 있다.

99
옆집과 차음은 완벽한가

옆집과 차음(遮音)도 중요하지만 집안에 있는 침실 사이에서의 차음도 체크해야 한다. 특히 부부침실과 어린이방의 벽이 딱붙어 있으면 부부의 커뮤니케이션에 주의해야 한다. 이상적인 것은 이 두 개의 방이 떨어져 있는 것이지만 그것이 어려울 때는 두 방 사이의 벽면에 옷장이나 수납장 같은 것을 설치하는 것이 좋다.

그러나 방의 배치상 그렇게 하기 어려우면 벽 안에 크라스울을 넣어 차음성을 높인다. 현재 대다수의 맨션 주거 내벽의 두께는 20㎝가량이다. 그런데 여기 붙어 있는 프라스터보드의 두께에 따라 차음성은 많이 달라진다. 예를 들어 양쪽에 9㎜ 프라스터보드를 붙인 벽은 같은 두께의 단순한 벽보다 매우 높다.

차음성능은 벽의 중량에 비례해 높아지므로 12㎜ 프라스터보드를 양면에 붙이면 약 1.3배 정도 높아진다. 그러므로 모델룸에 갔을 때는 벽을 두드려 보고 조사할 것이 아니라, 판매하는 사람에게 물어보거나 도면을 보여달라고 해야 한다. 12.5mm 프라스터보드를 사용했으면 충격에도 강하기 때문에 안심할 수 있다.

100

배수관은 집의 생명이다

아파트의 배수는 주거 내의 각 배수 적소(適所)를 연결하게 되어 있는 횡으로 이은 관에서 세로로 지나는 공용관으로 아래층으로 흐르고, 그것은 마지막으로 하수본관으로 연결된다. 집에서 배수시설은 화장실·싱크대·욕조·세면대·세탁기 등 최소한 5군데가 있다. 이 5군데 배수를 1개의 세로관으로 흐르게 하려면 배수관 내경이 아주 굵어야 한다.

이 세로관은 한 세대만을 위한 것이 아니다. 만약 5층 건물이라면 5세대, 10층 건물이라면 10세대 몫을 해야 한다. 한 주거 당 5군데라고 하면 하나의 세로관으로 모이는 배수 장소는 그 5배다. 동시 사용율이 낮아도 아침 저녁으로는 같은 시간대에 화장실이나 세면대·싱크대를 사용한다.

배수관의 지름은 대개 10㎝ 정도인데, 몇 년 사용하면 기름기나 머리카락, 그밖의 찌꺼기가 관 내벽에 붙어 좁아지기 때문에 배수의 흐름이 원활하지 못하다. 이럴 경우 주거 내에 세로관이 1개밖에 없으면 배수기능은 마비된다. 그러므로 한 주거당 세로관이 최소한 2개는 필요하다는 결론이 나온다.

만일 1개는 화장실이나 세면대 등에, 또 1개는 세탁기나 주방 등 유틸리티계의 배수로 나누어 두면 어느 한쪽이 막히더라도 당분간은 견딜 수 있다. 또 화장실 배수만 단독으로 1군데, 다른 배수를 모두 통합하여 또 1군데로 잡는 방법도 있다. 어느쪽이든 일장일단이 있지만 물을 사용하기 쉽게 배치해야 한다. 배수관의 수명은 보통 15~20년이라고 하지만, 정기점검과 보수는 물론 악취가 나면 곧 보수해야 한다.

101
규제가 많은 리폼

아파트 등 공동주택의 개조는 단층건물과 달리 제약이 많다. 법적으로 엄격하게 금하는 것이 많으므로 개조를 생각할 때는 어디까지 허용되는지 잘 알아보아야 한다.

수도권에 새 아파트를 마련한 한 주부는 넓은 발코니에 서재를 만들고 싶은 생각이 들었다. 그러나 막상 실천에 옮기려던 단계에서 이 발코니는 건폐율에는 산정되었으나 실 사용면적에서 제외되어 무단 면적 증가로 수리해 사용할 수 없다는 것을 알게 되었다.

그 발코니는 전용사용권이 있을 뿐이지 방을 증축하거나 연못이나 정원처럼 꾸밀 수 없다는 것이다. 따라서 이와 같은 일을 만들지 않으려면 착수하기 전에 관리사무소에 문의하거나 전문가와 상담해보는 것이 좋다. 또 공사에 따라 재료를 들여올 때 엘리베이터를 많이 사용해야 하므로 이웃에게 불편을 끼치게 된다. 이 점에서 회람판이나 게시판을 통해 양해를 구하는 것이 좋다. 게다가 재료도 엘리베이터에 들어갈 수 있는 크기가 아니면 곤란하다. 예를 들어 큰 가구는 좌우로 분할이 가능한 조립식을 선택하는 등의 배려가 필요하다.

공사하는 시간도 제약이 있다. 망치로 못을 박거나, 드릴로 구멍을 뚫거나, 페인트나 락카 냄새를 이른 아침부터 밤까지 풍긴다면 이웃에게 피해를 줄 수밖에 없다. 따라서 개조할 때는 일반주택을 지을 때와는 달리 시간을 많이 단축해야 한다. 공사일정도 오래 걸린다고 봐야 한다.

리폼의 제약은 수로에도 있다. 우선 위치를 많이 이동하면 안 된다. 배수관에는 물빠짐이 필요한데 멀리 옮기면 물이 잘 빠지도록 바닥을 올려야 하기 때문에 천장이 낮아진다. 게다가 아래층에 누수 우려가 있으므로 위치는 많이 바꾸지 않는 선에서 리폼을 생각해야 한다.

이것은 싱크대 뿐아니라 화장실도 마찬가지다. 최근 새로운 기능을 갖춘 변기의 등장으로 변기 교환 리폼이 많아졌다. 배변관의 위치에 따라 원하는 변기를 부착할 수 없는 경우도 있다. 배변관은 바닥에서 일어선 관과 벽에서 나온 것이 있으므로 구입하기 전에 미리 상담하는 것이 좋다.

102
창문의 형태도 살펴야 한다

　여름에는 모기와 파리 때문에 통풍이나 환기면에서 나쁘다는 것을 알면서도 좀처럼 문을 열지 않으려고 한다. 이럴 때 모든 문에 방충망을 설치하는데, 창문의 형태에 따라 다르다. 창문의 형태에는 여러 가지가 있는데, 가장 대중적인 것은 옆으로 밀어서 여닫는 미닫이창이다. 그리고 앞뒤로 미는 여닫는 창, 한 쪽만 열 수 있는 창이 있다. 이것은 보통 방 안쪽으로 망을 부착하도록 되어 있다.

　그런데 미닫이창은 바깥쪽으로 발코니가 없으면 방충망을 설치할 수 없는 경우가 많다. 더구나 창문이 바닥에서 90㎝ 정도의 높이에 있는 경우가 많다. 이런 창은 잘못하면 어린아이가 추락할 위험이 있다. 그런 창에는 발코니의 난간(1.1m)과 같은 높이까지 낙하방지 난간을 만들어야 한다. 이렇게 창문 하나까지 살펴야 한다.

103
안심할 수 없는 이중벽

아파트 같은 공동주택은 이웃집의 소리에 신경이 쓰인다. 텔레비전이나 라디오 소리, 사람의 말소리, 화장실 물소리, 세탁기나 청소기 소리 등 생활 속에서 나오는 각종 소리가 그대로 공해가 되어 스트레스가 될 지경이다. 그러나 이것도 노력으로 어느 정도는 줄일수 있다. 만약 이웃집과 경계를 이루는 벽의 두께가 20㎝인데, 콘센트 등을 끼어두면 약 4㎝ 정도 파고들어가므로 실제로는 16㎝가 되는 셈이다. 이래서는 방음이 충분하다고 할 수 없다.

더구나 같은 방이 벽 하나를 두고 마주하는데, 콘센트까지 있으면 더욱 비극이다. 이럴 경우 양쪽에서 8㎝ 가량의 손실이 있기 때문에 벽두께는 12㎝ 정도로 얇아진 셈이 되고, 차음성은 이루 말할 수 없을 정도로 낮아진다. 이웃집과 경계를 이루는 벽을 자세하게 조사해서 충분히 고려했는지를 점검해야 한다.

10장. 부동산 전략은 이렇게

불황은 부동산시장이라고 예외는 아니다.

그러나 토지거래 허가제에서 풀려난 지역이나

불황일수록 절실한 수요가 요구되는 사업쪽으로

눈을 돌려보면 내집 마련과 투자의 길이 보일 것이다.

앞으로의 부동산 전략, 어떻게 세우는 것이 유리할까?

104
투자가치가 있는 내집마련을

앞으로는 입지여건이 뛰어난 서울 요지의 재건축 대상 아파트들이 투자 유망지역으로 떠오를 전망이다. 분양가 규제가 풀리면 아무래도 위치가 좋은 지역에서 추진하는 재건축사업의 사업성이 크게 개선돼 투자여건이 살아나기 때문이다. 따라서 전문가들은 분양가 자율화 이후에는 교통과 교육·문화 시설들이 잘 갖추어져 있으며 대지 지분이 넓은 서울 요지의 재건축 대상 아파트들이 크게 인기를 끌게 될 것으로 보고 있다.

반면에 입지여건이 처지거나 규모가 작은 재건축 단지는 자율화 뒤에도 분양가를 인상하기 어렵기 때문에 투자가치면에서는 좋은 조건이 되지 못할 것으로 본다. 재개발도 특히 관리처분이 임박한 지역과 입지여건이 좋은 지역을 중심으로 투자가 활기를 띨 것으로 보이고, 앞으로 신규분양 아파트 가격 상승이 예상됨에 따라서 지금까지는 인기가 없었던 서울 수도권 지역의 미분양 아파트도 관심이 갈 것으로 보인다.

그러나 앞으로는 웬만큼 용적률이 높고 입지여건이 뛰어나지 않으면 시세차익을 기대할 수 없을 것이 부동산 시장의 전망이다. 가능한한 요모조모 따져본 후에 결정하는 것이 좋다. 만약 기존 아파트를 찾는다면 역세권의 실정에 맞는 싼 곳의 아파트를 구입하고, 새 집을 원하면 미분양이나 분양가 자율화 이전에 분양받거나 조합아파트를 찾는 것이 좋을 것이다.

또 현재 상황에서 투자가치도 생각하면서 내집마련을 서두른다면 이미 이주비를 지급한 사업장을 생각해 보는 것이 좋다. 특히 관리처분 인가를 앞두고 있거나 관리처분 중인 사업장도 주목할 만하다. 무엇보다도 이런 시대에는 투자를 해도 안전성을 고려해야 하는 것이 가장 중요하니까.

그리고 지분이 넓은 사업장이나 진행 속도가 빠른 곳을 찾는 것도 방법 중의 하나다. 어차피 재건축사업의 승패는 사업의 추진속도와 밀접하기 때문이다. 사업성은 떨어지지만 재건축 후 대형 평형을 분양받음으로써 대형평형에 대한 시세를 감안할 때 오히려 수익성을 높일 수 있는 가능성도 있다는 점을 기억하기 바란다. 이런 사업장은 투자수익은 낮아도 위험부담이 없기 때문이다.

105
분양가 자율화시대, 어떻게 달라지나

　최근의 금리인상을 보면 부동산 사업을 전망하기 어렵다. 지금까지 서민들이 내집마련을 위해 가장 크게 주목하는 것은 재개발·재건축 사업이 추진되는 지역일 것이다. 그런데 정부는 불황을 계기로 무분별한 개발을 막기 위해 재건축 요건을 강화하여 더욱 악화시키고 있다. 조합이 임의로 할 수 있었던 안전진단도 시가 지정하고, 아파트 재건축 가능 연수도 20년 이상으로 강화했다.

　이런 일이 아니더라도 재개발·재건축 사업이 한창 진행되는 곳에서도 조합집행부와 조합원간, 조합집행부와 시공사간에 마찰이 생기는 것을 어디서나 볼 수 있다. 왜냐하면 시공사는 공사를 진행하기 위해 조합원들에게 이주비를 주고 사업완료 시점에서 분양대금 등으로 환수하기 때문이다. 그런데 은행을 통해 차입해야 할 이주비가 최근의 금리인상으로 난항을 겪기 때문이다. 금리만 비싼 것이 아니라 차입 자체가 어려워져 사업을 진행하기가 어렵다. 설사 차입을 해서 이주비를 지급해도 시공사로서는 수지타산을 맞출 수가 없는 상황이 되었다. 이런 상황에서 정부의 분양가 자율화가 발표되었다. 이로 인한 변화는 어떤 것이 있을까?

분양가 자율시대에는 비싼 부지도 입지요건만 좋으면 사업이 현실화될 수 있고, 상대적으로 고비용 생산가를 초래할 수 있다. 종래는 서울 부도심권에서 추진하는 사업장 가운데 일반분양 때 채권 상한액이 설정된 곳이 많았다. 채권 상환액은 주변시세와 분양가의 차액이 30% 이상 나는 곳에 적용된다. 그러나 당첨자들이 쓴 채권액만큼 그 돈이 국민주택기금으로 들어가기 때문에 사실상 시공사나 조합원 어느 누구한테도 이득이 발생하지 않았다. 분양가 자율화가 되면 이런 점에서 달라진다.

곧 국민주택기금으로 환수됐던 돈이 분양가 자율시대에는 조합과 시공사 몫으로 되돌아 온다. 일반분양 때 시세차액만큼 분양가를 올리면 되는 거니까. 따라서 예전 같으면 적게는 5%, 많게는 40%까지 차이가 났던 시세가 앞으로는 매매가의 80~90% 수준까지 분양가가 오를 것으로 예상한다. 결국 기존 아파트 시세와의 차이가 좁혀지기 때문에 앞으로는 분양에 의한 시세차익을 보던 가수요가 사라질 것이다.

또 입지여건이 좋아서 채권이 적용됐던 곳에서는 주변시세 가까이까지 오르는 등, 같은 단지 내에서도 위치와 조망권 등에 따라서 분양가 차별화 현상이 나타나지 않을까 예상한다. 더군다나 소형의무 비율이 폐지된 수도권 민영주택의 경우, 앞으로는 중·대형만 공급할 것으로 예상되고, 재개발과 재건축 아파트인 경우에도 대형이 공급되어 시장을 주도할 것으로 전망한다.

아무튼 분양가 자율체제에서는 아파트의 차별화를 실현하는 경쟁력 있는 업체만이 살아남을 것이다. 예전 같으면 일부 업체에서 옵션제 형태로 마감재만 달리할 수 있게 선택권을 주었는데, 앞으로는 고급화로 차별화를 시도하는 곳이 늘어날 전망이다. 이는 바로 주택공급의 개념을 품질의 개념으로 변화시킬 것이라고 본다.

그러나 분양가 자율화 소식에 사람들이 가장 우려하는 것은 역시 내집마련의 길이 더 멀어지는 것은 아닐까 하는 것이다. 모든 자재비의 인상 때문에 앞으로 새로 짓는 아파트 분양가는 지금보다 높아지는 것은 피할 수 없는 일이지만, 한편으로는 시중자금이 원활하지 않은 이때 업체측의 무리한 인상만은 없으리라고 예상한다. 아울러 당분간은 중고 아파트 가격의 상승세도 그리 크지는 않을 것이다.

106
청약가입자, 어떻게 되나

이제 서울과 수도권의 민영아파트에 대한 분양가 자율화가 시행됐다. 그와 동시에 집없는 서민들을 위한 내집마련의 꿈을 담은 청약통장의 시대도 끝나가고 있다고나 할까.

건교부는 기존 청약통장 가입자의 우선권을 보호하기 위해 '분양가 자율화가 되더라도 청약통장 가입자에 대한 우선공급 원칙은 그대로 유지하고, 공공택지에는 분양가 자율화를 실시하지 않을 방침'이라고 발표했다.

그러나 그동안의 청약통장 가입자들이 아파트를 우선 분양받음으로써 누려왔던 것과 같은 시세차익은 앞으로는 크게 줄어들 것이라는 예상은 누구나 쉽게 할 수 있다. 실제로 공공택지 공급물량은 거의 없는 서울지역에서 분양을 받으려면 결국 예년에 비해 상당히 비싼 가격으로 분양받을 수밖에 없게 되었다.

수도권은 공공택지에서 공급되는 물량이 비교적 넉넉하므로 상대적으로 분양가 자율화의 영향을 덜 받을 것으로 예상한다. 따라서 서울과 수도권의 청약예금 가입자들이 수도권 쪽으로 몰릴 것으로 예상돼 청약경쟁은 어느 때보다 높아질 것으로 본다.

물론 분양가 자율화 이후의 분양가 상승에 대해서는 건설업체 측에서도 '당분간은 인상된 자재비와 인건비를 보강하는 정도에서 그치게 될 것'이라고 상당히 조심스러운 태도를 취하고 있다. 그러나 초기에는 그럴지 몰라도 결국 분양가 자율화가 자연스럽게 정착되면 시세에 육박하는 분양가가 정해질 것으로 예상되므로 앞으로의 청약예금 가입은 무의미하지 않을까 우려된다.

더군다나 청약부금 가입자는 전용면적 25.7평 이하 아파트만 분양받는 제한이 따르므로 선택의 폭은 더 줄어든 셈이다. 수도권의 공공택지인 경우에는 그나마 소형 평형 의무비율이 있지만, 민영택지는 의무비율이 폐지되었기 때문에 거의 중·대형 평형 위주로 공급할 전망이어서, 앞으로 부금가입자가 청약기회를 얻는 것은 하늘의 별따기처럼 되었다고 해도 과언이 아닐 것이다.

또 청약저축 가입자는 주택공사나 지자체에서 공급하는 전용면적 85제곱미터 이하 주택과 국민주택기금으로 짓는 전용면적 60제곱미터 이하 주택에만 청약할 수 있다. 이 주택들은 분양가 규제를 받기 때문에 외형적으로는 크게 달라지는 것이 없는 것처럼 보인다.

그러나 국민주택의 공급은 서울에서나 수도권에서 계속 줄어들고 있어 실제 혜택을 받는 것은 역시 하늘의 별따기가 될 것이다. 결국 청약예금·청약부금·청약저축 모두 그나마 조건이 1순위이거나 장기가입자는 희망을 걸어볼 만하지만 그렇지 않으면 다른 방법을 생각해야 할 때다.

만약 청약부금에 가입하고 5년 이상이 된 장기가입자이라거나 고액가입자는 청약예금으로 서둘러 전환하는 것도 한 방안이다. 청약전환은 6백만원 이상 가입자일 때는 전용면적 30.8평 이하로, 1천만 원 이상일 때는 30.8평~40.8평 이하로, 그리고 1천5백만 원 이상일 때는 40.5평을 초과하는 평형으로 전환할 수 있다.

그러나 청약기간이 길지 않아 모든 조건에 맞지 않으면 청약 기회의 보장이 불투명한 것으로 보고, 일찌감치 금융손실을 줄일 수 있는 다른 예금으로 전환하는 것이 나을지도 모른다.

107
성공하는 투자, 이것이 다르다

아무리 개발여지가 있는 곳의 부동산이라도 투자를 하기 전에 정확하게 분석해야 한다. 같은 지역의 상가라도 사람들이 많이 이용하는 통로에 있는지, 그렇지 않은지에 따라 매출이 크게 달라지기 때문이다. 상권의 흐름이 어느 방향으로 팽창될지를 가늠해봐야 한다.

가령 주거단지에 있어도 재개발 후 주요도로가 어디로 나는지에 따라 양상이 달라진다. 원하는 것이 단순한 주거시설이라면 도로와 너무 가까이 있어도 좋지 않고, 주변에 유해업소나 교육상 좋지 않은 것이 있어도 좋지 않고, 백화점 등이 있으면 차량정체 등으로 좋지 않을 것이다. 5년~10년 후 얼마나 개발될 것인가에 따라 가치는 크게 달라지기 때문이다. 사업성이나 투자성을 계산하면서 결정해야 한다.

108
불황기의 변수, 임대주택 사업

부동산 상품 중 가장 인기 있는 것은 뭐니뭐니해도 임대주택사업이다. 특히 퇴직자나 실업인구가 늘어나는 지금과 같은 실정에서는 앞으로도 당분간 열기가 식지 않을 것으로 본다. 임대주택사업이 전망이 밝은 이유는 여러 가지가 있다.

우선 서울 수도권의 택지난과 경영난 악화로 건설업체들이 주택사업을 대폭 축소하거나 포기하여 신규주택 공급물량이 크게 줄어든다는 것이다. 그리고 민영택지의 소형주택 의무비율 폐지로 서민용 소형주택 공급물량이 대폭 줄면서 소형아파트는 희소가치가 생겼고, 더구나 분양가 자율화로 신규 민영아파트의 분양가가 오르기 때문에 서민들이 내집마련을 하기 어려운 점도 이유 중의 하나다.

표준건축비의 인상은 신규 공공아파트의 분양가마저 오르게 만들었고, 엎친데 덮친격으로 금리가 높다보니 빚을 내면서까지 내집을 마련하겠다고 덤비는 사람보다는 오히려 형편에 맞는 집을 빌려 살려는 사람이 늘어날 것으로 예상하기 때문이다. 즉 막대한 돈을 들여 집을 마련하기보다는 기거할 곳을 찾는 사람이 많아질 것이라는 예상이다.

따라서 앞으로는 임대주택사업이야말로 한몫 크게 볼 수 있다는 것이다. 그러나 이 사업을 생각할 때는 무엇보다 투자 대상지역과 물건을 정확히 고르는 것이 관건이다. 지방보다는 서울과 수도권이 낫고, 미분양 아파트보다는 중고 주택이 더 낫다. 가능하면 전세금 비율이 매매가의 70%를 넘거나 매매가와 전세금 차이가 비교적 적은 곳을 찾아 투자한다면 실패하지 않을 것이다.

특히 서울과 수도권 지역에 투자하려는 사람은 대학교나 병원 등 공공기관이 있고 역세권이 가까운 곳의 미분양 아파트를 주목할 필요가 있다. 미분양 아파트라면 취득세와 등록세 등 지방세를 감면 받을 수 있고, 5년간 임대한 후에 팔 때도 양도소득세도 물지 않으므로 그동안 매달 고정적인 임대수입을 올릴 수 있다.

그리고 미분양 아파트는 단지의 규모가 작고 대부분이 소형이지만 저렴하다는 장점이 있다. 게다가 전용면적 18평 이하의 소형아파트는 가구마다 상환기간이 20년인 장기저리 국민주택기금 융자 1천 2백만 원을 끼고 있기 때문에 웬만한 전세금 정도로 구입할 수 있다. 그리고 아무리 싸게 구입했어도 입주자가 나타나지 않으면 무용

지물이니 가능한 임대수요가 많은 중소형 아파트 밀집지역을 택하도록 한다.

수도권 지역 중 임대주택사업을 하기에 적합한 곳으로는 시흥·오산·이천 지역 등을 꼽는다. 시흥은 서울 외곽순환고속도로가 개통되는 시점에서는 서울까지 불과 1시간 거리라는 좋은 여건을 갖고 있다. 여러 회사에서 한창 아파트사업이 진행하는 연성이나 시화지구를 노려보는 것도 좋다.

또 1997년 상반기에 성장관리 권역으로 편입된 오산도 운암지구에 대규모 택지지구가 들어서고 있고, 가평·양평과 함께 수도권의 전원도시 벨트로 각광받는 이천은 도시철도·외곽순환전철망·수도권 광역도로망 등 도시기반 시설이 속속 들어설 예정이어서 전망이 매우 밝은 편이다.

109
경매를 모르면 경맹

계속되는 불황 속에서 최근 경매가 새로운 재테크 수단으로 떠오르고 있다. 자금난을 겪는 기업과 개인의 부동산 매물이 쏟아지고, 이와 비례해 법원경매로 나온 급매물이 급증하는 추세다. 특히 경매에 나온 부동산은 한 번 유찰될 때마다 가격이 10%씩 떨어지는만큼 싼 가격으로 좋은 부동산을 구입할 수 있는 절호의 기회라고 할 수 있다. 경매물건 중에서도 주택은 호황기에 비해 낙찰가가 훨씬 떨어지기 때문에 투자수익이 많은 종목이다.

그러나 경매로 한몫 벌어보겠다는 생각으로 돈을 빌려서까지 뛰어드는 것은 위험하다. 냉정한 판단과 분석, 끈질긴 인내심이 부족하다면 기질적으로 경매에 어울리지 않는 사람이다. 경매에 나온 부동산을 구입할 때는 상품별로 철저한 권리분석을 한 다음에 여유자금으로 투자해야 안전하다. 전 같으면 경매대금을 빌려 주는 금융기관도 많았지만 시중 은행의 금리도 오른 요즘에는 외부 자금에 의존하기보다 자신의 여유돈을 활용하는 것이 안전하다.

만일 여유자금이 넉넉하다면 중소형이나 역세권 아파트에 관심을 가져볼 만하다. 현재 서울 강남지역과 분당, 일산 신도시에 나와 있는 경매물건은 시세의 70~80%에 낙찰되고 있고, 동북지역의 아파트도 조건이 유리하다. 그러나 주거가 아니라 임대를 목적으로 하는 응찰이라면 역세권에 위치한 소형 아파트나 오피스텔 쪽에 관심을 두는 것이 유리하다. 또 아파트는 매매가 대비 전세가가 70% 이상인 곳을 골라 투자하는 것이 유리하다.

여유자금이 적을 때는 무리하지 말고 소형 연립주택이나 다세대주택 쪽을 눈여겨 보도록. 물론 이 소형 연립주택이나 다세대 주택은 재테크 가치가 적기 때문에 실수요자가 아닌 투자자들에게 는 그리 권하고 싶은 대상은 아니다. 다만 이와 같은 경매를 통해서 많지 않은 전세금 정도로 내집마련을 할 수 있는 방법이 되기도 하니 충분한 시간을 갖고 조건이 좋은 곳을 찾아보면 도움이 될 것이다.

그러나 싼값에 낙찰할 수 있는 것은 좋지만, 권리관계에 문제가 있는 물건을 모르고 샀다가는 뜻하지 않은 피해를 입는 경우도 있으니, 응찰물건에 대한 여러 가지 정보를 충분히 파악하는 것이 좋다.

법원경매 경험이 전혀 없는 사람들에게는 매우 낯설게 느껴지지만 관심을 갖고 공부하다보면 자연히 경매상품을 구별할 수 있는 안목이 길러질 것이다. 우선 신문광고나 컨설팅업체를 찾아가 좋은 물건을 소개받는다. 좋은 물건을 찾으면 직접 현장으로 가서 위치를 확인하고, 면밀히 살펴 건물 보존상태를 눈여겨 본다. 또 주변의 시세를 알아보는 것도 중요하다.

이렇게 해서 목적에 맞으면 관할 등기소에 가서 등기부등본과 도시계획 확인원, 토지대장과 건축물 관리대장 등을 열람해 본다. 그 밖에 법정지상권이나 선순위임차인이 있는지, 지상권 가등기 가처분이 되어 있지 않은지 등 제반 권리분석을 철저히 하지 않으면 나중에 문제가 생길 수 있으니 꼼꼼히 따져본다.

만반의 확인이 끝났으면 입찰서를 작성하고 가장 높은 액수를 쓴 사람이 낙찰자로 결정되는 것이다. 낙찰허가는 낙찰받은 날로부터 13일 이내에 법원에서 공고하고, 낙찰자는 낙찰 확정일로부터 1개월 이내에 잔금을 납부하면 된다. 나머지 절차는 등록세 · 취득세 · 교육세 등 세금을 납부하는 일과 등기이전이 있다.

110
입주아파트의 투자전략

입주 초기에는 물량이 한꺼번에 쏟아져 값이 최저로 떨어지다가, 물량이 바닥나면 주변 아파트까지 가격이 올라가는 입주아파트. 입주아파트에 대한 투자는 지금까지 가장 쉬운 재테크 방법이었다. 그러나 분양가 자율화 조치 이후 신규 아파트값이 크게 오를 것이라고 전망하는 소리가 높다.

하지만 공공택지 개발지역 아파트는 당분간 분양가 자율화 대상에서 빠져 다른 아파트 단지보다 높은 차액을 기대할 수 있고, 잔금조달에 어려움을 겪는 사람이 많아 가격이 많이 떨어진 상태이기 때문에 여전히 인기종목이다. 이와 같이 입주아파트에 투자하려면 1~2동짜리나 주택가 복판에 있는 아파트보다는 대규모 택지개발지구나 1천 세대 이상인 대단지를 노려보도록. 큰 단지일수록 교통이나 교육 등 생활기반시설을 잘 갖추어 입주 후 시세 상승폭이 크다.

111
택지지구 옆 준농림지의 장점

한때 선풍적인 인기를 끌었던 준농림지와 전원주택이 최근에는 거래가 뜸한 편이지만, 용인과 파주 등 택지개발지구 주변에 위치한 준농림지는 지금도 여전히 거래가 끊이지 않는다. 이렇게 신도시나 택지지구 주변의 준농림지가 여전히 인기를 모으는 이유는 주변의 기반시설과 편의시설을 쉽게 이용할 수 있고, 서울까지 출퇴근이 가능하기 때문이다.

이에 따라 이들 지역의 준농림지는 꾸준한 상승세를 타고 있고, 수요자도 많아 환금성도 높다. 최근 오름세가 주춤하긴 하지만, 이런 지역의 향후 땅값 상승 가능성은 다른 곳보다 높을 것이라는 전망이기 때문에 재테크 수단으로 투자가치가 많다.

한편 부동산 가격은 도로가 어떻게 개설되고 확장되느냐에 결정된다. 자기 땅 앞으로 도로 하나가 생겨 뜻밖의 횡재를 한 사람도 적지 않다. 2차선에서 4차선 도로로 확장되기만 해도 땅값은 몇배로 상승하고, 인터체인지나 교차로가 생기면 훨씬 더 높은 가격이 형성된다. 왜냐하면 도로망의 발달로 주변의 개발 가능성이 높아지기 때문이다.

따라서 장기적인 안목으로 투자를 생각하는 사람이라면 해당 지역의 도시기본계획을 열람하는 등 광역교통망에 대한 촉각을 곤두세워야 하고, 앞으로의 개발 가능성을 충분히 생각해서 선택해야 한다. 또 부지는 도로와 높이가 같은 것을 구하도록 한다. 도로를 개설하거나 확장할 예정인 국도와 순환도로 주변의 땅은 이미 값이 오를대로 올랐지만, 상승 잠재력은 여전히 많다.

지금 수도권 지역에서 가장 크게 떠오르는 지역으로는 용인 수지2지구 인근에 위치한 준농림지, 대규모 택지지구가 들어설 파주 교하면 일대의 준농림지, 김포와 남양주 지역 등이다. 이 지역들은 교통망을 속속 개설하고 있고, 대규모 아파트단지가 들어서기 때문에 교육여건 등도 향상하니 관심을 둘만하다.

112
최신 인기사업 원룸텔

원룸과 호텔의 중간 개념이라 하여 만들어진 신조어 '원룸텔'을 들어 보셨는지. 이 원룸텔은 좁은 공간을 잘 활용하기로 이름난 일본에서 최근 부동산 틈새 상품으로 각광받는 숙소형 주거형태다. 마침내 우리나라에도 상륙, 앞으로 활성화하는 사업으로 등장하지 않을까 전망한다.

원룸텔은 보통 한 개의 방이 2~2.5평 정도이기 때문에 상당히 좁은 공간이다. 따라서 제반 편의시설이 각 방마다 설치되지 않고 욕실과 세면장, 취사장 등은 공동으로 사용하는 형태를 취해 사용비용을 절감시킨다.

이 원룸텔에는 침대·냉장고·책상·의자·전화 등 가전도구가 갖춰져 있기 때문에 거의 몸만 들어가면 된다. 24시간 상주해서 근무하는 관리인도 있다.

　원룸에 살고 싶지만 임대료가 수천만 원대에 이르기 때문에 쉽지 않은 대학생이나 회사원, 원거리 출퇴근자를 겨냥해 생긴 것이다. 그야말로 눈이 번쩍 뜨일 만큼 좋은 상품이다. 만약 사무실이나 대학교가 밀집해 있는 지역에 약 100평 정도의 자투리땅을 갖고 있는 사람이라면 한 번 사업을 구상해 보는 것도 괜찮을 것이다.

　샤워실이나 취사실 등을 다른 사람과 사용해야 하는데다 개인공간이 좁기 때문에 다소 불편하기는 하나 비용을 줄일 수 있다는 것을 생각하면 앞으로 크게 인기를 모을 것으로 예상한다.

113

내집마련, 임대아파트도 하나의 방안

　최근 기업의 자금조달이 어려운 가운데 분양중도금의 납부를 늦추는 계약자가 많아지자, 건설업체들은 앞다투어 아파트와 오피스텔 등의 가격을 파격적으로 낮추거나 대금선납 때의 가격 할인율을 대폭 올리는 등 자구책을 찾고 있다. 이는 시중금리의 급등으로 계약자들이 대출을 받아 중도금을 납부하기 보다는 벌칙금리가 싼 연체를 택하기 때문이다. 가뜩이나 자금난을 겪는 건설업체들은 더이상 수수방관하고 있을 수 없는 입장이어서 적극적으로 중도금 납부를 촉진하는 한편, 자금여유가 있는 개인을 대상으로 아파트 판매를 촉진하고 있다.

　또 지금까지 부동산 시장은 중·대형 평형 아파트만을 선호하는 경향이었다. 따라서 조합원들은 어느 누구할 것 없이 중·대형을 먼

저 차지하기 마련이었고, 남아도는 소형만 자금동원이 어려운 조합원이나 일반분양분으로 할애한 것이 보통이었다. 그렇지만 지금의 소비자 취향은 전과는 판이하게 달라져 소형을 선호하는 추세다. 자금을 최대한 동원하고 모자라는 것은 할부금융이나 은행융자로 충당하려던 계획이 어그러지면서, 가능한한 소형을 택하는 대신 여유자금을 손에 쥐고 있겠다는 생각이다.

이러한 소형 선호추세는 전세시장에도 확산되어 본격적인 이사철을 앞두고 소형 아파트 전세를 좋아하고, 대형은 기피하는 이른바 양극화 현상이 두드러지고 있다. 18~24평형의 소형은 매물회전이 빠르고 값도 강보합세를 유지하고 있으나, 대형은 물량 적체가 심각하며 가격도 큰 폭으로 하락하고 있다.

이와 같이 집없는 서민들에게 내집마련이 요원해진 요즘, 얼마 전까지만 해도 아무도 관심을 두지 않아 괄세를 받던 임대아파트가 다시 많은 인기를 모으는 실정이다. 더구나 주택 할부금융사를 통한 융자대출이 어려워지자 신규 아파트 분양수요자가 감소하는 반면, 저렴한 임대아파트 수요가 크게 늘어나는 현상을 보이고 있다.

이에 따라서 주공을 비롯한 건설사에서 전국적으로 공급하는 임대아파트에 청약수요자가 크게 늘고 있으며, 문의도 끊이지 않고 있다. 이렇듯 임대아파트가 많은 인기를 끄는 이유는 분양가가 저렴하고 몫돈이 많이 들지 않는다는 점을 높이 사서, 주택 할부금융을 통한 융자를 포기한 분양청약자들이 전략을 바꿨기 때문이다.

특히 1997년 7월부터 주택공급에 관한 규칙개정에 따라 청약저축으로 임대분양을 받더라도 청약통장은 그대로 살아 있어 다시 분양받을 수 있는 점들이 인기를 끄는 원인인 것으로 보인다. 넉넉지 않은 주머니가 원망스럽고 아직도 내집마련의 아쉬운 꿈을 포기할 수 없는 사람들을 위해 이제부터는 임대주택이야말로 빛나는 역할을 발휘할 것으로 기대한다.

음파메세지(氣) 성명학

신비한 동양철학 51

새로운 시대에 맞는 새로운 성명학

지금까지의 모든 성명학은 모순의 극치를 이루고 있다. 이제 새로운 시대에 맞는 음파메세지(氣) 성명학이 탄생했으니 차근차근 읽어보고 복을 계속 부르는 이름을 지어 사랑하는 자녀가 행복하고 아름다운 삶을 살아갈 수 있도록 하는데 도움이 되었으면 한다.

・청암 박재현 저

정법사주

신비한 동양철학 49

독학과 강의용 겸용의 책

이 책은 사주추명학을 연구하고자 하는 분들에게 심오한 주역의 이해를 돕고자 하는 의도에서 시작되었다. 음양오행의 상생상극에서부터 육친법과 신살법을 기초로 하여 격국과 용신 그리고 유년판단법을 활용하여 운명판단에 첩경이 될 수 있도록 했고, 추리응용과 운명감정의 실례를 하나 하나 들어가면서 독학과 강의용 겸용으로 엮었다.

・원각 김구현 저

동양철학전문출판 삼한

찾기 쉬운 명당

신비한 동양철학 44

풍수지리의 모든 것 !

이 책은 가능하면 쉽게 풀려고 노력했고, 실전에 도움이 되도록 했다. 특히 풍수지리에서 방향측정에 필수인 패철(佩鐵)사용과 나경(羅經) 9층을 각 층별로 간추려 설명했다. 그리고 이 책에 수록된 도설, 즉 오성도, 명산도, 명당 형세도 내거수 명당도, 지각(枝脚)형세도, 용의 과협출맥도, 사대혈형(穴形) 와겸유돌(窩鉗乳突) 형세도 등은 국립중앙도서관에 소장된 문헌자료인 만산도단, 만산영도, 이석당 은민산도의 원본을 참조했다.

・호산 윤재우 저

명리입문

신비한 동양철학 41

명리학의 필독서 !

이 책은 자연의 기후변화에 의한 운명법 외에 명리학도들이 궁금해 했던 인생의 제반사들에 대해서도 상세하게 기술했다. 따라서 초보자부터 심도있게 공부한 사람들까지 세심히 읽고 숙독해야 하는 책이다. 특히 격국이나 용신뿐 아니라 십신에 대한 자세한 설명, 조후용신에 대한 보충설명, 인간의 제반사에 대해서는 독보적인 해설이 들어 있다. 초보자들에게는 더할 수 없이 훌륭한 길잡이가 될 것이다.

・동하 정지호 편역

사주대성

신비한 동양철학 33

초보에서 완성까지

이 책은 과거 현재 미래를 모두 알 수 있는 비결을 실었다. 그러나 모두 터득한다는 것은 어려울 것이다.역학은 수천 년간 동방의 석학들에 의해 갈고 닦은 철학이요 학문이며, 정신문화로서 영과학적인 상수문화로서 자랑할만한 위대한 학문이다.

· 도관 박흥식 저

해몽정본

신비한 동양철학 36

꿈의 모든 것 !

막상 꿈해몽을 하려고 하면 내가 꾼 꿈을 어디다 대입시켜야 할지 모를 경우가 많았을 것이다. 그러나 이 책은 찾기 쉽고, 명료하며, 최대한으로 많은 갖가지 예를 들었으니 꿈해몽을 하는데 어려움이 없을 것이다.

· 청암 박재현 저

기문둔갑옥경

신비한 동양철학 32

가장 권위있고 우수한 학문 !

우리나라의 기문역사는 장구하지만 상세한 문헌은 전무한 상태라 이 책을 발간하기로 했다. 기문둔갑은 천문지리는 물론 인사명리 등 제반사에 관한 길흉을 판단함에 있어서 가장 우수한 학문이며 병법과 법술방면으로도 특징과 장점이 있다. 초학자는 포국편을 열심히 익혀 설국을 자유자재로 할 수 있도록 하고 개인의 이익보다는 보국안민에 일조하기 바란다.

· 도관 박흥식 저

정본·관상과 손금

신비한 동양철학 42

바로 알고 사람을 사귑시다

이 책은 관상과 손금은 인생을 행복으로 이끌기 위해 있다는 관점에서 다루었다. 그야말로 관상과 손금의 혁명이라고 할 수 있을 것이다. 여러분도 관상과 손금을 통한 예지력으로 인생의 참주인이 되기 바란다. 용기를 불어넣어 주고 행복을 찾게 하는 것이 참다운 관상과 손금술이다. 이 책으로 미래의 좋은 예지력을 한번쯤 발휘해 보기 바란다. 이 책이 일상사에 고민하는 분들에게 해결방법을 제시해 줄 것이다.

· 지창룡 감수

274

조화원약 평주

신비한 동양철학 35

명리학의 정통교본!

이 책은 자평진전, 난강망, 명리정종, 적천수 등과 함께 명리학의 교본에 해당하는 것으로 중국 청나라 때 나온 난강망이라는 책을 서낙오 선생께서 설명을 붙인 것이다. 기존의 많은 책들이 격국과 용신으로 감정하는 것과는 달리 십간십이지와 음양오행을 각각 자연의 이치와 춘하추동의 사계절의 흐름에 대입하여 인간의 길흉화복을 알 수 있게 했다.

• 동하 정지호 편역

龍의 穴·풍수지리 실기 100선

신비한 동양철학 30

실전에서 실감나게 적용하는 풍수지리의 길잡이!

이 책은 풍수지리 문헌인 조선조 고무엽(古務葉) 태구승(泰九升) 부집필(父輯筆)로 된 만두산법(巒頭山法), 채성우의 명산론(明山論), 금랑경(錦囊經) 등을 알기 쉬운 주제로 간추려 풍수지리의 길잡이가 되고자 했다. 그리고 인간의 뿌리와 한 사람의 고유한 이름의 중요성을 풍수지리와 연관하여 살펴보아야 하기 때문에 씨족의 시조와 본관, 작명론(作名論)을 같이 편집했다.

• 호산 윤재우 저

천직·사주팔자로 찾은 나의 직업

신비한 동양철학 34

역경없이 탄탄하게 성공할 수 있는 방법 !

잘 되겠지 하는 막연한 생각으로 의욕만 갖고 도전하는 것과 나에게 맞는 직종은 무엇이고 때는 언제인가를 알고 도전하는 것은 근본적으로 다르고, 결과 또한 다르다. 더구나 요즈음은 I.M.F.시대라 하여 모든 사람들이 정신까지 위축되어 생기를 잃어가고 있다. 이런 때 의욕만으로 팔자에도 없는 사업을 시작했다고 하자, 결과는 불을 보듯 뻔하다. 그러므로 이런 때일수록 침착과 냉정을 찾아 내 그릇부터 알고, 생활에 대처하는 지혜로움을 발휘해야 한다.

· 백우 김봉준 저

통변술해법

신비한 동양철학 ㉑

가닥가닥 풀어내는 역학의 비법 !

이 책은 역학에 대해 다 알면서도 밖으로 표출되지 않아 어려움을 겪는 사람들을 위한 실습서다. 특히 틀에 박힌 교과서적인 역술의 고정관념에서 벗어나, 한차원 높게 공부할 수 있도록 원리통달을 설명하는데 중점을 두었다. 실명감정과 이론강의라는 두 단락으로 나누어 역학의 진리를 설명했기 때문에 누구나 쉽게 이해할 수 있다. 역학계의 대가 김봉준 선생의 역서 「알기쉬운 해설·말하는 역학」의 후편이다.

· 백우 김봉준 저

주역육효 해설방법 上·下

신비한 동양철학 38

한 번만 읽으면 주역을 활용할 수 있는 책!

이 책은 주역을 해설한 것으로, 될 수 있는 한 여러 가지 사설을 덧붙이지 않고 주역을 공부하고 활용하는데 필요한 요건만을 기록했다. 따라서 주역의 근원이나 하도낙서, 음양오행에 대해서도 많은 설명을 자제했다. 다만 누구나 이 책을 한 번 읽어서 주역을 이해하고 활용할 수 있도록 하는데 중점을 두었다.

·원공선사 저

사주명리학의 핵심

신비한 동양철학 ⑲

맥을 잡아야 모든 것이 보인다!

이 책은 잡다한 설명을 배제하고 명리학자들에게 도움이 될 비법만을 모아 엮었기 때문에 초심자가 이해하기에는 다소 어려운 부분도 있겠지만 기초를 튼튼히 한 다음 정독한다면 충분히 이해할 것이다. 신살만 늘어놓으며 감정하는 사이비가 되지말기를 바란다.

·도관 박흥식 저

동양철학전문출판 삼한

이렇게 하면 좋은 운이 온다

신비한 동양철학 ㉗

한 가정에 한 권씩 놓아두고 볼만한 책!

좋은 운을 부르는 방법은 방위·색상·수리·년운·월운·날짜·시간·궁합·이름·직업·물건·보석·맛·과일·기운·마을·가축·성격 등을 정확하게 파악하여 자신에게 길한 것은 취하고 흉한 것은 피하면 된다. 간혹 예외인 경우가 있지만 극소수에 불과하고 대부분은 적중하기 때문에 좋은 효과를 본다. 이 책의 저자는 신학대학을 졸업하고 역학계에 입문했다는 특별한 이력을 갖고 있기 때문에 더 많은 화제가 되고 있다.

· 역산 김찬동 저

말하는 역학

신비한 동양철학 ⑪

신수를 묻는 사람 앞에서 말문이 술술 열린다!

이 책은 그토록 어렵다는 사주통변술을 이해하기 쉽고 흥미롭게 고담과 덕담을 곁들여 사실적인 인물을 궁금해 하는 사람에게 생동감있게 통변하고 있다. 길흉작용을 어떻게 표현하느냐에 따라 상담자의 정곡을 찔러 핵심을 끄집어내고 여기에 대한 정답을 내려주는 것이 통변술이다. 역학계의 대가 김봉준 선생의 역작이다.

· 백우 김봉준 저

술술 읽다보면 통달하는 사주학

신비한 동양철학 ㉗

술술 읽다보면 나도 어느새 도사 !

당신은 당신 마음대로 모든 일이 이루어지던가. 지금까지 누구의 명령을 받지 않고 내 맘대로 살아왔다고, 운명 따위는 믿지도 않고 매달리지 않는다고, 이렇게 말하는 사람들이 많다. 그러나 그것은 우주법칙을 모르기 때문에 하는 소리다.

· 조철현 저

참역학은 이렇게 쉬운 것이다

신비한 동양철학 ㉔

음양오행의 이론으로 이루어진 참역학서 !

수학공식이 아무리 어렵다고 해도 1, 2, 3, 4, 5, 6, 7, 8, 9, 0의 10개의 숫자로 이루어졌듯이, 사주도 음양과 목, 화, 토, 금, 수의 오행으로 이루어졌을 뿐이다. 그러니 용신과 격국이라는 무거운 짐을 벗어버리고 음양오행의 법칙과 진리만 정확하게 파악하면 된다. 사주는 단지 음양오행의 변화일 뿐이고, 용신과 격국은 사주를 감정하는 한가지 방법에 지나지 않는다.

· 청암 박재현 저

나의 천운 운세찾기

신비한 동양철학 ⑫

놀랍다는 몽골정통 토정비결 !

이 책은 역학계의 대가 김봉준 선생이 놀랍다는 몽공토정비결을 연구 · 분석하여 우리의 인습 및 체질에 맞게 엮은 것이다. 운의 흐름을 알리고자 호운과 쇠운을 강조했으며, 현재의 나를 조명해보고 판단할 수 있도록 했다. 모쪼록 생활서나 안내서로 활용하기 바란다.

· 백우 김봉준 저

쉽게푼 역학

신비한 동양철학 ❷

쉽게 배워서 적용할 수 있는 생활역학서 !

이 책에서는 좀더 많은 사람들이 역학의 근본인 우주의 오묘한 진리와 법칙을 깨달아 보다 나은 삶을 영위하는데 도움이 될 수 있도록 가장 쉬운 언어와 가장 쉬운 방법으로 풀이했다. 역학계의 대가 김봉준 선생의 역작이다.

· 백우 김봉준 저

역산성명학

신비한 동양철학 ㉕

이름은 제2의 자신이다 !

이름에는 각각 고유의 뜻과 기운이 있어서 그 기운이
성격을 만들고 그 성격이 운명을 만든다. 나쁜 이름은
부르면 부를수록 불행을 부르고 좋은 이름은 부르면
부를수록 행복을 부른다. 만일 이름이 거지 같다면 아
무리 운세를 잘 만나도 밥을 좀더 많이 얻어 먹을 수
있을 뿐이다. 이 책의 저자는 신학대학을 졸업하고 역
학계에 입문했다는 특별한 이력을 갖고 있기 때문에
더 많은 화제가 되고 있다.

·역산 김찬동 저

작명해명

신비한 동양철학 ㉖

누구나 쉽게 배워서 활용할 수 있는 체계적인 작명법 !

일반적인 성명학으로는 알 수 없는 한자이름, 한글이
름, 영문이름, 예명, 회사명, 상호, 상품명 등의 작명방
법을 여러 사례를 들어 체계적으로 분석하여 누구나
쉽게 배워서 활용할 수 있도록 서술했다.

·도관 박홍식 저

동양철학전문출판 삼한

관상오행

신비한 동양철학 ⑳

한국인의 특성에 맞는 관상법 !

좋은 관상인 것 같으나 실제로는 나쁘거나 좋은 관상
이 아닌데도 잘 사는 사람이 왕왕있어 관상법 연구에
흥미를 잃는 경우가 있다. 이것은 중국의 관상법만을
익히고, 우리의 독특한 환경적인 특징을 소홀히 다루었
기 때문이다. 이에 우리 한국인에게 알맞는 관상법을
연구하여 누구나 관상을 쉽게 알아보고 해석할 수 있
도록 자세하게 풀어놓았다.

· 송파 정상기 저

물상활용비법

신비한 동양철학 31

물상을 활용하여 오행의 흐름을 파악한다 !

이 책은 물상을 통하여 오행의 흐름을 파악하고, 운명
을 감정하는 방법을 연구한 책이다. 추명학의 해법을
연구하고 운명을 추리하여 오행에서 분류되는 물질의
운명 줄거리를 물상의 기물로 나들이 하는 활용법을
주제로 했다. 팔자풀이 및 운명해설에 관한 명리감정법
의 체계를 세우는데 목적을 두고 초점을 맞추었다.

· 해주 이학성 저

운세십진법·本大路

신비한 동양철학 ❶

운명을 알고 대처하는 것은 현대인의 지혜다!

타고난 운명은 분명히 있다. 그러니 자신의 운명을 알고 대처한다면 비록 운명을 바꿀 수는 없지만 충분히 향상시킬 수 있다. 이것이 사주학을 알아야 하는 이유다. 이 책에서는 자신이 타고난 숙명과 앞으로 펼쳐질 운명행로를 찾을 수 있도록 운명의 기초를 초연하게 설명하고 있다.

· 백우 김봉준 저

국운·나라의 운세

신비한 동양철학 ㉒

역으로 풀어본 우리나라의 운명과 방향!

아무리 서구사상의 파고가 높다하기로 오천년을 한결같이 가꾸며 살아온 백두의 혼이 와르르 무너지는 지경에 왔어도 누구하나 입을 열어 말하는 사람이 없으니 답답하다. IMF라는 특수한 상황에서 불확실한 내일에 대한 해답을 이 책은 명쾌하게 제시하고 있다.

· 백우 김봉준

명인재

신비한 동양철학 43

신기한 사주판단 비법 !

살(殺)의 활용방법을 완벽하게 제시하는 책!

이 책은 오행보다는 주로 살을 이용하는 비법이다. 시중에 나온 책들을 보면 살에 대해 설명은 많이 하면서도 실제 응용에서는 무시하고 있다. 이것은 살을 알면서도 응용할 줄 모르기 때문이다. 그러나 이 책에서는 살의 활용방법을 완전히 터득해, 어떤 살과 어떤 살이 합하면 어떻게 작용하는지를 자세하게 설명하고 있다.

· 원공선사 지음

사주학의 방정식

신비한 동양철학 18

가장 간편하고 실질적인 역서 !

이 책은 종전의 어려웠던 사주풀이의 응용과 한문을 쉬운 방법으로 터득할 수 있게 하는데 목적을 두었고, 역학의 내용이 어떤 것이며 무엇이 어디에 속하는지를 알고자 하는데 있다.

· 김용오 저

원토정비결

신비한 동양철학 53

반쪽으로만 전해오는 토정비결의 완전한 해설판

지금 시중에 나와 있는 토정비결에 대한 책들을 보면 옛날부터 내려오는 완전한 비결이 아니라 반쪽의 책이다. 그러나 반쪽이라고 말하는 사람이 없다. 그것은 주역의 원리를 모르기 때문이다. 따라서 늦은 감이 없지 않으나 앞으로의 수많은 세월을 생각하면서 완전한 해설본을 내놓기로 한 것이다.

· 원공선사 저

내가 보고 내가 바꾸는 DIY사주

신비한 동양철학 40

내가 보고 내가 바꾸는 사주비결!

이 책은 기존의 책들과는 달리 한 사람의 사주를 체계적으로 도표화시켜 한 눈에 파악할 수 있고, DIY라는 책 제목에서 말하듯이 개운하는 방법을 제시하고 있다. 초심자는 물론 전문가도 자신의 이론을 새롭게 재조명해 볼 수 있는 케이스 스터디 북이다.

· 석오 전 광 지음

동양철학전문출판 **삼한**

남사고의 마지막 예언

신비한 동양철학 29

이 책으로 격암유록에 대한 논란이 끝나기 바란다

감히 이 책을 21세기의 성경이라고 말한다. 〈격암유록〉
은 섭리가 우리민족에게 준 위대한 복음서이며, 선물이
며, 꿈이며, 인류의 희망이다. 이 책에서는 〈격암유록〉
이 전하고자 하는 바를 주제별로 정리하여 문답식으로
풀어갔다. 이 책으로 〈격암유록〉에 대한 논란은 끝나기
바란다.

· 석정 박순용 저

진짜부적 가짜부적

신비한 동양철학 7

부적의 실체와 정확한 제작방법

인쇄부적에서 가짜부적에 이르기까지 많게는 몇백만원
에 팔리고 있다는 보도를 종종 듣는다. 그러나 부적은
정확한 제작방법에 따라 자신의 용도에 맞게 스스로
만들어 사용하면 훨씬 더 좋은 효과를 얻을 수 있다.
이 책은 중국에서 정통부적을 연구한 국내유일의 동양
오술학자가 밝힌 부적의 실체와 정확한 제작방법을 소
개하고 있다.

· 오상익 저

한눈에 보는 손금

신비한 동양철학 52

논리정연하며 바로미터적인 지침서

이 책은 수상학의 연원을 초월해서 동서합일의 이론으로 집필했다. 그야말로 완벽하리만치 논리정연한 수상학을 정리한 것이다. 그래서 운명적, 철학적, 동양적, 심리학적인 면을 예증과 방편에 이르기까지 아주 상세하게 기술했다. 이 책은 수상학이라기 보다 한 인간의 바로미터적인 지침서 역할을 해줄 것이다. 독자 여러분의 꾸준한 연구와 더불어 인생성공의 지침서가 될 수 있을 것이다.

· 정도명 저

만세력 | 사륙배판 · 신국판
사륙판 · 포켓판

신비한 동양철학 45

찾기 쉬운 만세력

이 책은 완벽한 만세력으로 만세력 보는 방법을 자세하게 설명했다. 그리고 역학에 대한 기본적인 내용과 결혼하기 좋은 나이 · 좋은 날 · 좋은 시간, 아들 · 딸 태아감별법, 이사하기 좋은 날 · 좋은 방향 등을 부록으로 실었다.

· 백우 김봉준 저

동양철학전문출판 **삼한**

수명비결

신비한 동양철학 14

주민등록번호 13자로 숙명의 정체를 밝힌다

우리는 지금 무수히 많은 숫자의 거미줄에 매달려 허우적거리며 살아가고 있다. 1분·1초가 생사를 가름하고, 1등·2등이 인생을 좌우하며, 1급·2급이 신분을 구분하는 세상이다. 이 책은 수명리학으로 13자의 주민등록번호로 명예, 재산, 건강, 수명, 애정, 자녀운 등을 미리 읽어본다.

· 장충한 저

운명으로 본 나의 질병과 건강상태

신비한 동양철학 9

타고난 건강상태와 질병에 대한 대비책

이 책은 국내 유일의 동양오술학자가 사주학과 더불어 정통명리학의 양대산맥을 이루는 자미두수 이론으로 임상실험을 거쳐 작성한 표준자료다. 따라서 명리학을 응용한 최초의 완벽한 의학서로 질병을 예방하고 치료하는데 활용한다면 최고의 의사가 될 것이다. 또한 예방의학적인 차원에서 건강을 유지하는데 훌륭한 지침서로 현대의학의 새로운 장을 여는 계기가 될 것이다.

· 오상익 저

오행상극설과 진화론

신비한 동양철학 5

인간과 인생을 떠난 천리란 있을 수 없다

과학이 현대를 설정하여 설명하고 있으나 원리는 동양철학에도 있기에 그 양면을 밝히고자 노력했다. 우주에서 일어나는 모든 일을 과학으로 설명될 수는 없다. 비과학적이라고 하기보다는 과학이 따라오지 못한다고 설명하는 것이 더 솔직하고 옳은 표현일 것이다. 특히 과학분야에 종사하는 신의사가 저술했다는데 더 큰 화제가 되고 있다.

· 김태진 저

사주학의 활용법

신비한 동양철학 17

가장 실질적인 역학서

우리가 생소한 지방을 여행할 때 제대로 된 지도가 있다면 편리하고 큰 도움이 되듯이 역학이란 이와같은 인생의 길잡이다. 예측불허의 인생을 살아가는데 올바른 안내자나 그 무엇이 있다면 그 이상 마음 든든하고 큰 재산은 없을 것이다.

· 학선 류래웅 저

동양철학전문출판 **삼한**

쉽게 푼 주역

신비한 동양철학 10

귀신도 탄복한다는 주역을 쉽고 재미있게 풀어놓은 책

주역이라는 말 한마디면 귀신도 기겁을 하고 놀라 자 빠진다는데, 운수와 일진이 문제가 될까. 8×8=64괘라 는 주역을 한 괘에 23개씩의 회답으로 해설하여 1472괘 의 신비한 해답을 수록했다. 당신이 당면한 문제라면 무엇이든 해결할 수 있는 열쇠가 이 한 권의 책 속에 있다.

· 정도명 저

핵심 관상과 손금

신비한 동양철학 54

사람을 볼 줄 아는 안목과 지혜를 알려주는 책

오늘과 내일을 예측할 수 없을만큼 복잡하게 펼쳐지는 현실에서 살아남기 위해서는 사람을 볼줄 아는 안목과 지혜가 필요하다. 시중에 관상학에 대한 책들이 많이 나와있지만 너무 형이상학적이라 전문가도 이해하기 어렵다. 이 책에서는 누구라도 쉽게 보고 이해할 수 있 도록 핵심만을 파악해서 설명했다.

· 백우 김봉준 저

진짜궁합 가짜궁합

신비한 동양철학 8

남녀궁합의 새로운 충격

중국에서 연구한 국내유일의 동양오술학자가 우리나라 역술가들의 궁합법이 잘못되었다는 것을 학술적으로 분석·비평하고, 전적과 사례연구를 통하여 궁합의 실체와 타당성을 분석했다. 합리적인 「자미두수궁합법」과 「남녀궁합」 및 출생시간을 몰라 궁합을 못보는 사람들을 위하여 「지문으로 보는 궁합법」 등을 공개한다.

· 오상익 저

좋은꿈 나쁜꿈

신비한 동양철학 15

그날과 앞날의 모든 답이 여기 있다

개꿈이란 없다. 꿈은 반드시 미래를 예언한다. 이 책은 프로이드의 정신분석학적인 입장이 아닌 미래판단의 근거에 입각한 예언적인 해몽학이다. 여러 형태의 꿈을 체계적으로 정리했으니 올바른 해몽법으로 앞날을 지혜롭게 대처해 보자. 모쪼록 각 가정에서 한 권씩 두고 이용하면 생활하는데 많은 도움이 될 것이다.

· 학선 류래웅 저

완벽 만세력

신비한 동양철학 58

착각하기 쉬운 썸머타임 2도 인쇄

시중에 많은 종류의 만세력이 나와있지만 이 책은 단순한 만세력이 아니라 완벽한 만세경전으로 만세력 보는 법 등을 실었기 때문에 처음 대하는 사람이라도 쉽게 볼 수 있도록 편집되었다. 또한 부록편에는 사주명리학, 신살종합해설, 결혼과 이사택일 및 이사방향, 길흉보는 법, 우주천기와 한국의 역사 등을 수록했다.

· 백우 김봉준 저

周易·토정비결

신비한 동양철학 40

토정비결의 놀라운 비결

지금 시중에 나와 있는 토정비결에 대한 책들을 보면 옛날부터 내려오는 완전한 비결이 아니라 반쪽의 책이다. 그러나 반쪽이라고 말하는 사람이 없다. 그것은 주역의 원리를 모르기 때문이다. 따라서 늦은 감이 없지 않으나 앞으로의 수많은 세월을 생각하면서 완전한 해설본을 내놓기로 했다.

· 원공선사 저

현장 지리풍수

신비한 동양철학 48

현장감을 살린 지리풍수법

풍수를 업으로 삼는 사람들이 진(眞)과 가(假)를 분별할 줄 모르면서 24산의 포태사묘의 법을 익히고는 많은 법을 알았다고 자부하며 뽐내고 있다. 그리고는 재물에 눈이 어두워 불길한 산을 길하다 하고, 선하지 못한 물(水)을 선하다 하면서 죄를 범하고 있다. 이는 분수 밖의 것을 망녕되게 바라기 때문이다. 마음 가짐을 바로하고 고대 원전에 공력을 바치면서 산간을 실사하며 적공을 쏟으면 정교롭고 세밀한 경지를 얻을 수 있을 것이다.

· 전항수 · 주관장 편저

완벽 사주와 관상

신비한 동양철학 55

사주와 관상의 핵심을 한 권에

자연과 인간, 음양(陰陽)오행과 인간, 사계와 절후, 인상(人相)과 자연, 신(神)들의 이야기 등등 우리들의 삶과 관계되는 사실적 관계로만 역(易)을 설명해 누구나 쉽게 이해할 수 있도록 썼으며 특히 역(易)에 대한 관심과 흥미를 갖게 하고자 인상학(人相學)을 추록했다. 여기에 추록된 인상학(人相學)은 시중에서 흔하게 볼 수 있는 상법(相法)이 아니라 생활상법(生活相法) 즉 삶의 지식과 상식을 드리고자 했으니 생활에 유익함이 있기를 바란다.

· 김봉준 · 유오준 공저

동양철학전문출판 삼한

해몽 · 해몽법

신비한 동양철학 50

해몽법을 알기 쉽게 설명한 책

인생은 꿈이 예지한 시간적 한계에서 점점 소멸되어 가는 현존물이기 때문에 반드시 꿈의 뜻을 따라야 한다. 이것은 꿈을 먹고 살아가는 인간 즉 태몽의 끝장면인 죽음을 향해 달려가고 있는 인간이기 때문이다. 꿈은 우리의 삶을 이끌어가는 이정표와도 같기에 똑바로 가도록 노력해야 한다.

· 김종일 저

역점

신비한 동양철학 57

우리나라 전통 행운찾기

주역을 무조건 미신으로 치부해버리는 생각은 버려야 한다. 주역이 점치는 책에만 불과했다면 벌써 그 존재가 없어졌을 것이다. 그러나 오랫동안 많은 학자가 연구를 계속해왔고, 그 속에서 자연과학과 형이상학적인 우주론과 인생론을 밝혀, 정치·경제·사회 등 여러 방면에서 인간의 생활에 응용해왔고, 삶의 지침서로써 그 역할을 했다. 이 책은 한 번만 읽으면 누구나 역점가가 될 수 있으니 생활에 도움이 되길 바란다.

· 문명상 편저

명리학연구

신비한 동양철학 59

체계적인 명확한 이론

이 책은 명리학 연구에 핵심적인 내용만을 모아 하나의 독립된 장을 만들었다. 명리학은 분야가 넓어 공부를 하다보면 주변에 머무르는 경우가 많아, 주요 내용을 잃고 헤매는 경우가 많다. 그러므로 뼈대를 잡는 것이 중요한데, 여기서는 「17장. 명리대요」에 핵심 내용만을 모아 학문의 체계를 잡는데 용이하게 하였다.

• 권중주 저

쉽게 푼 풍수

신비한 동양철학 60

현장에서 활용하는 풍수지리법

산도는 매우 광범위하고, 현장에서 알아보기 힘들다. 더구나 지금은 수목이 울창해 소조산 정상에 올라가도 나무에 가려 국세를 파악하는데 애를 먹는다. 그러므로 사진을 첨부하니 많은 도움이 되길 바란다. 물론 결록에 있고 산도가 눈에 익은 것은 혈 사진과 함께 소개하니 참고하기 바란다. 이 책을 열심히 정독하면서 답산하면 혈을 알아보고 용산도 할 수 있을 것이다.

• 전항수 • 주장관 편저

동양철학전문출판 삼한

올바른 작명법

신비한 동양철학 61

세상의 부모들에게 가장 소중한 것이 무엇이냐고 물으면 누구든 자녀라고 할 것이다. 그런데 왜 평생을 좌우할 이름을 함부로 짓는가. 이름이 얼마나 소중한지를. 이름의 오행작용이 사람의 일생을 어떻게 좌우하는지를 모르기 때문이다. 세상만물은 음양오행의 영향을 받지 않는 것이 없다. 봄이 가면 여름이 오고, 여름이 가면 가을이 오고, 가을이 가면 겨울이 오고, 겨울이 가면 봄이 오는 것 또한 음양오행의 원리다.

• 이정재 저

신수대전

신비한 동양철학 62

흉함을 피하고 길함을 부르는 방법

신수를 보는 방법은 여러 가지가 있는데 대부분이 주역과 사주추명학에 근거를 둔다. 수많은 학설 중에서 몇 가지를 보면 사주명리, 자미두수, 관상, 점성학, 구성학, 육효, 토정비결, 매화역수, 대정수, 초씨역림, 황극책수, 하락리수, 범위수, 월영도, 현무발서, 철판신수, 육임신과, 기문둔갑, 태을신수 등이다. 역학에 정통한 고사가 아니면 제대로 추단하기 어려운데 엉터리 술사들이 넘쳐난다. 그래서 누구나 자신의 신수를 볼 수 있도록 몇 가지를 정리했다.

• 도관 박흥식

음택양택
....
신비한 동양철학 63

현세의 운·내세의 운

이 책에서는 음양택명당의 조건이나 기타 여러 가지를 설명하여 산 자와 죽은 자의 행복한 집을 만들 수 있도록 했다. 특히 죽은 자의 집인 음택명당은 자리를 옳게 잡으면 꾸준히 생기를 발하여 흥하나, 그렇지 않으면 큰 피해를 당하니 돈보다도 행·불행의 근원인 음양택명당에 관심을 기울여야 한다.

· 전항수 · 주장관 지음

이런 집에 살아야 잘 풀린다
....
신비한 동양철학 64

운이 트이는 좋은 집 알아보는 비결

힘든 상황에서 내 가족이 지혜롭게 대처하고 건강을 지켜주는, 한마디로 운이 트이는 집은 모두의 꿈일 것이다. 가족이 평온하게 생활할 수 있는 집, 나가서는 발전을 가져다 줄 수 있는 그런 집이 있다면 얼마나 좋을까? 그런 소망에 한 걸음이라도 가까워지려면 막연하게 운만 기대해서는 안 된다. '호랑이를 잡으려면 호랑이 굴로 들어가라' 는 속담이 있듯이 좋은 집을 가지려면 그만한 노력이 있어야 한다.

· 강현술 · 박흥식 감수

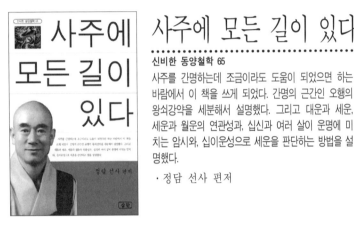

사주에 모든 길이 있다

신비한 동양철학 65

사주를 간명하는데 조금이라도 도움이 되었으면 하는
바람에서 이 책을 쓰게 되었다. 간명의 근간인 오행의
왕쇠강약을 세분해서 설명했다. 그리고 대운과 세운,
세운과 월운의 연관성과, 십신과 여러 살이 운명에 미
치는 암시와, 십이운성으로 세운을 판단하는 방법을 설
명했다.

· 정담 선사 편저

사주학

신비한 동양철학 66

5대 원서의 핵심과 실용

이 책은 사주학을 체계적으로 공부하려는 학도들을 위
해 꼭 알아야 할 내용과 용어를 수록하는데 중점을 두
었다. 이 학문을 공부하려고 찾아온 사람들에게 여러
가지 질문을 던져보면 거의 기초지식이 시원치 않다.
그런 상태로 사주를 읽으려니 제대로 될 리가 없다. 이
책으로 용어와 제반지식을 터득하면 빠른 시일에 소기
의 목적을 이룰 수 있을 것이다.

· 글갈 정대엽 저

주역 기본원리

신비한 동양철학 67

주역의 기본원리를 통달할 수 있는 책

이 책에서는 기본괘와 변화와 기본괘가 어떤 괘로 변했을 경우 일어날 수 있는 내용들을 설명하여 주역의 변화에 대한 이해를 돕는데 주력하였다. 그러나 그런 내용을 구분할 수 있는 방법을 전부 다 설명할 수는 없기에 뒷장에 간단하게설명하였고, 다른 책들과 설명의 차이점도 기록하였으니 참작하여 본다면 조금이나마 도움이 될 것이다.

· 원공선사 편저

사주특강

신비한 동양철학 68

자평진전과 적천수의 재해석

이 책은 『자평진전(子平眞詮)』과 『적천수(滴天髓)』를 근간으로 명리학(命理學)의 폭넓은 가치를 인식하고, 실전에서 유용한 기반을 다지는데 중점을 두고 썼다. 일찍이 『자평진전(子平眞詮)』을 교과서로 삼고, 『적천수(滴天髓)』로 보완하라는 서낙오(徐樂吾)의 말에 깊이 공감한다.

청월 박상의 편저

동양철학전문출판 삼한

복을 부르는방법

신비한 동양철학 69

나쁜 운을 좋은 운으로 바꾸는 비결

개운하는 방법은 여러 가지가 있으나, 이 책의 비법은 축원문을 독송하는 것이다. 독송이란 소리내 읽는다는 뜻이다. 사람의 말에는 기운이 있는데, 이 기운은 자신에게 돌아온다. 좋은 말을 하면 좋은 기운이 돌아오고, 나쁜 말을 하면 나쁜 기운이 돌아온다. 이 책은 누구나 어디서나 쉽게 비용을 들이지 않고 좋은 운을 부를 수 있는 방법을 실었다.

· 역산 김찬동 편저

인터뷰 사주학

신비한 동양철학 70

쉽고 재미있는 인터뷰 사주학

얼마전까지만 해도 사주학을 취급하는 사람들은 미신을 다루는 부류로 취급되었다. 그러나 지금은 하루가 다르게 이 학문을 공부하는 사람들이 폭증하고 있는 것으로 보인다. 젊은 층에서 사주카페니 사주방이니 사주동아리니 하는 것들이 만들어지고 그 모임이 활발하게 움직이고 있다는 점이 그것을 증명해준다. 그뿐 아니라 대학원에는 역학교수들이 점차로 증가하고 있다.

· 글갈 정대엽 편저

육효대전

신비한 동양철학 37

정확한 해설과 다양한 활용법

동양의 고전 중에서도 가장 대표적인 것이 주역이다. 주역은 옛사람들이 자연의 법칙을 거울삼아 인간이 생활을 영위해 나가는 처세에 관한 지혜를 무한히 내포하고, 피흉추길하는 얼과 슬기가 함축된 점서)인 동시에 수양·과학서요 철학·종교서라고 할 수 있다.

· 도관 박흥식 편저

사람을 보는 지혜

신비한 동양철학 73

관상학의 초보에서 완성까지

현자는 하늘이 준 명을 알고 있기에 부귀에 연연하지 않는다. 사람은 마음을 다스리는 심명이 있다. 마음의 명은 자신만이 소통하는 유일한 우주의 무형의 에너지이기 때문에 잠시도 잊으면 안된다. 관상학은 사람의 상으로 이런 마음을 살피는 학문이니 잘 이해하여 보다 나은 삶을 삶을 영위할 수 있도록 노력해야 한다.

· 이부길 편저

301

동양철학전문출판 삼한

명리학 | 재미있는 우리사주

신비한 동양철학 74

사주 세우는 방법부터 용어해설 까지‼

몇 년 전 『사주에 모든 길이 있다』가 나온 후 선배 제현들께서 알찬 내용의 책다운 책을 접했다면서 매월 한 번만이라도 참 역학의 발전을 위하여 학술세미나를 열자는 제의를 받았다. 그러나 사주의 작성법을 설명하지 않아 독자들에게 많은 질타를 받고 뒤늦게 이 책을 출판하기로 결심했다. 이 책은 한글만 알면 누구나 역학과 가까워질 수 있도록 사주 세우는 방법부터 실제 간명, 용어해설에 이르기까지 분야별로 엮었다.

· 정담 선사 편저

성명학 | 바로 이 이름

신비한 동양철학 75

사주의 운기와 조화를 고려한 이름짓기

사람은 누구나 타고난 운명, 즉 숙명이라는 것이 있다. 숙명인 사주팔자는 선천운이고, 성명은 후천운이 되는 것으로 이름을 지을 때는 타고난 운기와의 조화를 고려함이 중요하다. 따라서 역학에 대한 깊은 이해가 선행되어야 함은 지극히 당연한 일이다. 부연하면 작명의 근본은 타고난 사주에 운기를 종합적으로 분석하여 부족한 점을 보강하고 결점을 개선한다는 큰 뜻이 있다고 할 수 있다.

· 정담 선사 편저

동양철학전문출판 삼한

현장 지리풍수

현장감을 살린 지리풍수법

풍수를 업으로 삼는 사람이 진(眞)과 가(假)를 분별할 줄 모르면서 24산의 포태사묘의 법을 익히고는 많은 법을 알았다고 자부하며 뽐낸다. 그리고는 재물에 눈이 어두워 불길한 산을 길하다 하고, 선하지 못한 물(水)을 선하다 하면서 죄를 범하고 있다. 이는 분수 밖의 것을 망녕되게 바라기 때문이다. 마음 가짐을 바로 하고 고대 원전에 공력을 바치면서 산간을 실사하며 적공을 쏟으면 정교롭고 세밀한 경지를 얻을 수 있을 것이다.
· 전항수 · 주관장 편저

용의 혈 · 풍수지리 실기 100선

실전에서 실감나게 적용하는 풍수의 길잡이

이 책은 풍수지리 문헌인 만두산법서, 명산론, 금랑경 등을 이해하기 쉽도록 주제별로 간추려 설명했으며, 풍수지리학을 쉽게 접근하여 공부하고, 실전에 활용하여 실감나게 적용할 수 있도록 하는데 역점을 두었다.
· 호산 윤재우 저

찾기 쉬운 명당

실전에서 활용할 수 있는 책

이 책은 가능하면 쉽게 풀려고 노력했고, 실전에 도움이 되도록 했다. 특히 풍수지리에서 방향측정에 필수인 패철 사용과 나경 9층을 각 층별로 간추려 설명했다. 그리고 이 책에 수록된 도설, 즉 오성도, 명산도, 명당 형세도 내거수 명당도, 지각형세도, 용의 과협출맥도, 사대혈형 와겸유돌 형세도 등은 국립중앙도서관에 소장된 문헌자료인 만산도단, 만산영도, 이석당 은민산도의 원본을 참조했다.
· 호산 윤재우 저

쉽게 푼 풍수

양택혈과 음택혈을 알아보는 법

산도는 매우 광범위하고, 현장에서 알아보기 힘들다. 더구나 지금은 수목이 울창해 소조산 정상에 올라가도 나무에 가려 국세를 파악하기 어렵다. 따라서 사진을 첨부하니 많은 도움이 되길 바란다. 물론 결록에 있고 산도가 눈에 익은 것은 혈 사진과 함께 소개한다. 그리고 현재 우리나라에는 양택혈보다는 크고 작은 음택혈이 많이 남아 있다. 이 책을 열심히 정독하면서 답산하면 혈을 알아보고 용산도 할 수 있을 것이다.
· 전항수 · 주장관 편저

음택양택

현세의 운 · 내세의 운

이 책에서는 음양택명당의 조건이나 기타 여러 가지를 설명하여 산 자와 죽은 자의 행복한 집을 만들 수 있도록 했다. 특히 죽은 자의 집인 음택명당은 자리를 옳게 잡으면 꾸준히 생기를 발하여 흥하나, 그렇지 않으면 큰 피해를 당하니 돈보다도 행 · 불행의 근원인 음양택명당에 관심을 기울여야 한다.
· 전항수 · 주장관 지음

03180

9 788974 601003

ISBN 89-7460-100-1

값 16,000원